U0035595

BuddhAll

All is Buddha.

BuddhAll.

BuddhAll

細說如來藏

談錫永 著

如來藏思想的修學，
不但令人可以出世，
其實還可以令人正確地入世，
因爲它可以引導人「愼思明辨」，
也即是能不鑽牛角尖而能見到事情的眞相。

目　錄

第三篇：四重緣起‧白螺珠

自 序

　　一直以來想寫一本通俗說如來藏的書，特別是出版了幾本說「了義大中觀」的繙譯、著作之後，反應相當多，都說如來藏教法聽起來簡單，實際上牽涉佛法的內容太廣，千絲萬縷，很難通達，我就更感覺到一本通俗的書的確很需要，否則便始終無法令如來藏思想有益於人。

　　如來藏思想的修學，不但令人可以出世，其實還可以令人正確地入世，因為它可以引導人「慎思明辨」，也即是能不鑽牛角尖而能見到事情的真相。這似乎是很玄的事，其實不是，如來藏的辯證，已決定了它有這種功能。

　　至於如來藏是佛說的最究竟思想，那就當然更有出世的功能了。所以漢傳佛教的禪宗、華嚴宗、天台宗、淨土宗、律宗；藏傳佛教的甯瑪派、薩迦派、噶舉派、覺囊派、無不修學如來藏，在藏傳即稱為「大中觀」，持龍樹的甚深中觀見來修彌勒的瑜伽行。即使修學未深，也可以解決人生的一些困惑。

　　譬如說學佛的態度，依如來藏思想，就可以說，人學佛，應該不遺棄世間而出世，由是在世間法與出世間法中，兩方面都積極，並不因學佛而成孤寂。

　　如來藏是佛三轉法輪時菩薩之教。菩薩以居士身，通達世間技藝，有社會責任也有家庭責任，同時還有自己的事業，例如維摩詰居士與勝鬘夫人，他們於入世同時還能

修學佛法成就，亦於出世成就同時利益國家社會，所以維摩詰示疾，王公大臣以及平民百姓都去問病，勝鬘夫人幫助丈夫治理國家，亦向諸大菩薩說如來藏法。這即是佛經中所舉的兩個修學如來藏成功的例子。

修學如來藏未深的人，甚至僅知如來藏見地而未修習的人，雖不能如維摩詰與勝鬘，但至少也能以他們為榜樣。

能給人一個主導思想，令其能建立正見，抉擇世間，那便是如來藏思想的功能了。例如全世界都陷入經濟危機，如果能依如來藏思想來作抉擇的話，便知道那是資本主義走向大崩潰的前奏，他們無限量發展「衍生工具」，是用衍生出來的貨幣（連印鈔票都不須要的貨幣），來掠奪生產國的資源。如今局面無法收拾，因此才引起這場波及全球的危機，實際上，掠奪者的危機只在表面，被掠奪者的危機才更深遠。這情形，如果用觀修如來藏的相礙緣起來認知，便能知道，資本主義的生存條件非起大變不可，那我們就會考慮，不是繼續幫助美國去維持局面，而是應該考慮到，他們會怎樣變，於大變前，至少我們不要自動獻身去做他們轉型的踏腳石。

以此為例，便知道明白「相礙緣起」的重要。相礙即是客觀事物能存在或顯現時，必須適應的局限，大至一個世界，小至一粒微塵，它們若能存在成顯現，都有相礙緣起，那即是它們必須適應的客觀條件。如來藏思想指出這客觀規律，由是成立情器世間的真實與虛妄。真實與虛妄本來相互對立（相對），但卻可以在如來藏領域中平衡地共存。

　　所以，學點如來藏教法，便每個人都可以拿維摩詰和勝鬘夫人做榜樣。

　　本書分三篇。第一篇說「甚深秘密如來藏」，是企圖用通俗的說法，令人明解如來藏思想。它涉及四重緣起，人可以根據這四重緣起來思辨。此已如上說。

　　第二篇則用如來藏思想評價西方的哲學。由古希臘時代開始，一直到近代。但是，由於筆者對西方哲學理解不足，同時亦非全面理解，因此便只能隨己之所能，挑一些哲學家來談。此外，即使談到一位哲學家的思想，也只能擇要而談，不可能全面介紹他的哲學。例如對康德，就只談他的「純粹理性批判」，而未全面介紹他的學說。筆者能努力做到的事，只希望於評價其部份哲學內容時，依然符合他的整體思想，而不是斷章取義去評價。

　　為甚麼要用如來藏思想來評價西方哲學呢？筆者其實只是想提供一個用如來藏思想來思考問題的例子。其實出世與入世不能互離，所以才說學習出世是智慧資糧、學習入世是福德資糧，倘若以為只參加一些法會，學一些觀修便是出世，那反而不是積二種資糧的學佛態度。至於說，為甚麼要用評價西方哲學來作為手段呢？那則是因為筆者認為，如來藏思想可以說是「大哲學」，所以拿着這佛家的哲思來作一嘗試。倘若因此引起思考、辨別，甚至否定筆者之所說，那都可以說是嘗試的效果，筆者對此客觀看待。目前西方正拿着一些制高點來控制世界，以便實行經濟擴張、思想擴張，他們有哲學上的論據，這些論據亦來源有自，因此，只須引起大眾對如來藏思想的認識，從而

辨明西方的制高點本質何在，那也就夠了。

　　至於第三篇，是筆者多年前寫的一篇「論頌」，以「偈頌」形式來寫，便於記憶，然後用「長行」（散文）形式解釋偈頌，便於理解，這種形式為古印度哲人所廣泛採用，佛經也常沿用這種體裁。至今西藏仍保持著這種文體。

　　這篇論頌，依西藏模式，除論名外還給以一個簡名，名為「白螺珠」。西域商人涉海經商，畏懼風浪，他們即以白螺珠為「定風珠」，認為若船上有一顆白螺珠，即不為風浪所襲。現在用這個名稱，是為了表示本論頌能平息關於如來藏思想的風波。

　　對如來藏思想興風作浪，是近世的事。近世學唯識的人，不管他們的先賢呂澂先生說：「如來藏無處不說，無經不載」，竟視如來藏思想為錯見；近世學中觀的人，不管龍樹亦說如來藏，竟說如來藏為外道思想，這些風浪若不平息，不但對佛學無益，甚至可能毀滅漢藏佛學，而且對世道人心更加不利，可能導人消極，亦可能令人陷入煩瑣的思維。

　　希望我的《白螺珠》能平息這些風浪。

　　這篇論頌，以專說「四重緣起」為主題，並且說到四重緣起的重重超越，及至能超越最深密的相礙緣起，即成「無礙」，雖然仍環繞著佛學來談，但筆者則希望讀者能由此知道如何超越，由是提高自己的人生境界。

　　以上簡單介紹本書主旨與結構，成書倉促，一定有許

多缺陷，尚希讀者指導，甚或提出質疑，那麼，就可以在寫計劃中的下一本書時補充與解答。此乃至誠的願望，並非一書循例的客套語。

　　最後，筆者謹向編寫本書時逝世的黃品端女士致以哀思，她侍候了我二十年的起居飲食；此外，筆者亦向協助本書編寫、出版的人致以謝意。

　　吉祥。

談錫永
西元二千又九年九月

第一篇：甚深秘密如來藏

甚深秘密如來藏

前言 —— 關於如來藏

開筆寫這本書時，一位追隨了筆者逾二十年的侍者，正身患危症，處於生與死的邊際。其時初入炎夏，從住處的窗戶可以見到一大片長滿灌木的草地，時時有一群白鳥，排成「人」字飛翔。灌木入夏繁茂，白鳥飛向陽光，眼前一片生機。來探病的人望着這景色，深深地嘆一口氣。我知道她的心意，由大地的生機引起她對病人的悲憫，剎那之間，我體會到佛家如來藏思想的兩個層次，那就是《入楞伽經》所說的，如來藏和藏識。

那深深的嘆息，可以說是人之常情。陽光、草地、茂林、飛鳥，的確可以引起人對垂危者的同情，一邊是生氣勃勃，一邊是奄奄一息，這就是藏識的境界、世俗的境界。如來藏呢？無生無滅，即是佛家所說的「如來法身」和「如來法身功德」。住入如來藏的境界，不是不對垂危者悲憫，可是悲憫的同時，卻不因此而覺得垂危者生機斷絕。

這個如來藏境界很難說得清楚，所以才叫做「甚深秘密」、「諸佛密意」。正因難說，筆者當時沒有跟嘆息的人說些甚麼，然而卻瞿然而驚，覺得若不把如來藏思想說清，就很難令人面對生與死的邊際。那麼，學佛又有甚麼用！

人要學佛，也可以分為兩個層次。

住在識境 —— 藏識的境界，境界中一切真實，所以人才有責任面對家庭和社會，令到它和諧、令到它興盛。因此學佛的人才應該尊重生命、尊重歲時、尊重大自然的生機。能夠這樣，就不會有刀兵災病。

這可以說是世俗的層次。

住在智境 —— 如來藏的境界，境界亦十分真實，但這時再看識境，便覺得它「如夢幻泡影，如電亦如露」，有如《金剛經》之所說。這時候，才可以說識境為空、為無。

這可以說是勝義的層次。

因此，許多人初學佛即強調「見空性」。那並不是恰當的做法。心還住在識境，還給眼識、耳識，以至意識支配着自己的心理，此時若便說「一切法空」，那便只是落在概念來否定現實，由是墮入唯心。佛家不是唯心，只是如實而知識境如何而成為有，及至能脫離心識的束縛，才能進入一個境界，這個境界無可形容，姑且說名為「空」。

歸結來說，人在識境中觀修，是一個層次；通過觀修令心識自然離開識境，那又是另外一個層次。前者稱為「藏識」境界，後者稱為「如來藏」境界。合起來，《入楞伽經》便名之為「如來藏藏識」。

上來所說，讀者不一定能夠立即瞭解，那不要緊，下面的正文，便打算將這「甚深秘密」、「不可思議」的如來藏盡可能交代清楚。當能瞭解時，人就了知「空性」是甚麼，那就可以端正自己立身處世的生活態度，同時，也就可以知道學佛的究竟目的，從而改造自己的心理，不落於執着，也不落於虛無；人就得到毫無心理壓力的自在。在俗世中，能得自在的人

實在太少了，人際關係已織成一張張利害交纏的網，在網中只有束縛。

然而，如來藏思想實在甚深廣大，周遍無量無邊的法界，這本小書雖云「細說」，卻實在只如芥子之於須彌，不足以比擬不可思議如來藏億萬之一，所以當讀者讀這本書時，須於文字之外以求深義，千萬不可受文字拘束，尤其不可受所作的譬喻拘束，若一落於文字或譬喻的概念，那麼，所能體會到的便仍然是心識束縛的境界，離如來藏境界那就遠了。

一　何謂如來藏？

一個譬喻

對於如來藏，筆者喜歡作一個譬喻 ──

以電視螢光屏為喻，螢光屏中的畫面，即是一個世界。這世界對住在畫面中的人來說，絕對真實。人物真實、語言真實、事物真實、事件真實，一切恩怨情仇都十分真實。

佛家將這樣的一個世界，分成兩個世間：有情世間與器世間。有情世間是指有感情、有心識的生物世間，於中包括人和動物。器世間是指世界中除了有情之外的一切事物，山水樹木的大自然界，以及人工造作的城鄉道路，都包括其中。

這樣的兩個世間（一個世界），有情世間中的生物，會將顯現視為存在，所以有情世間與器世間對他們來說都同樣真實。然而這個真實，實在是站在「自我」的立場而建立。

以人為例，每一個人都認定「自我」真實，因此，我的心識活動也便真實，我所見、我所聞、我所觸等等，完全真實，尤其是我所思，成為知識、成為經驗、成為法則與定理，所以一切真實。西方許多哲學家便是這樣來定義「實在」。

佛家對這一點絕不否定，因為這是識境的真實。也即是前面所説過的，螢光屏中的人，將螢光屏中的世間看成真實。

然而，螢光屏中人卻不知道，自己的情器世間其實都附着於螢光屏上，由於不知道，所以也就因此不能認識螢光屏的功能。所以，他是住在識境、以識作觀，除此之外便一無所知。佛家由是稱他們為「凡夫」。

若住在螢光屏中的人，心識能離開螢光屏，那麼，認知就完全不同了，他會立刻見到螢光屏中的世界（兩個世間）只是影像。佛家將這樣的所見稱為如夢、如幻、如光影、如陽燄等等，並將這由所見而起的覺受稱之為「智」。他是住在智境，以智起觀。他除了螢光屏中的兩個世間之外，還見到螢光屏，同時一定還知道螢光屏必然有一功能能令影像生起。

佛家將這譬喻為螢光屏者視為一個境界，稱為「如來法身」；將譬喻為螢光屏功能者視為諸佛的大悲，稱為「如來法身功德」。一切心識境界（即是一切世間）都憑藉如來法身功德而成立，有如螢光屏上的一切影像都藉螢光屏的功能才成顯現。

因此，如來的法身並不是一個個體，只能姑且稱之為境界。這個境界，依《入楞伽經》的説法，名為「佛內自證智境」。無論甚麼人成佛，智境都相同。稱之為「法身」，那只是為了方便，讓我們容易理解。

　　然則，為甚麼釋迦牟尼成佛卻顯現為一個個體呢？那是因為釋迦依然住在識境的緣故，在識境中，生命與器物都必須顯現為個體，所以釋迦是「化身佛」，他所住的識境，則稱為「化土」，他的法身（內自證智境）則依然是一個境界。

　　不只這樣，連淨土中的佛都可以成立為個體，例如西方阿彌陀佛（亦名為無量壽佛），他和淨土中的眷屬都住於識境，所以在西方極樂世界中有六種光明、有七寶池、有八功德水，如是等等，這些事物都離不開心識，若無心識來認知，便都不能成立。為了跟「化土」分別，這識境則稱為「報土」，阿彌陀佛則稱為「報身佛」。

　　化身與報身，又總稱為「色身」，跟「法身」相對，前者顯現為個體，後者則只是境界。而且，法身境界不能為住在識境的人所見、所知，所以《金剛經》才說——

　　　若以色見我　　以聲音求我
　　　其人行邪道　　不能見如來

　　色（物質）、聲都是識境中事，所以不能憑此而見那已離識境的如來法身。即是說，如來法身不能為住在識境的人用心識來認知，因此才稱為「不可思議」。思與議，都是心識活動，跟盡離心識的境界是不同的層次。

　　這不可思議的法身連同法身功德（在譬喻中則有如螢光屏跟螢光屏的功能），便名為如來藏。如來藏不能在識境中顯現；但卻可以存在，所以對凡夫（住在識境中的人）來說，便可以說為「佛內自證智境唯憑識境而成顯現」。這句話，在我們的譬喻中便可以這樣說：「螢光屏及其功能，唯憑影像而成顯現」。在《入楞伽經》中，便說為：「**如來**

藏名為藏識」，或「名為藏識的如來藏」。經中所說的「藏識」，即是識境的根本。

說到這裏，我們已經將「如來藏是甚麼」這問題，通過譬喻來解釋清楚。若用佛家名言來說，如來藏便是如來法身及法身功德，通俗一點，則說為：佛內自證智境及其功能。接下來要解釋的，便是這功能（如來法身功德）了。

無處不在的生機

喻為螢光屏功能的如來法身功德，很容易受人誤解，以為只是諸佛對一切有情的悲憫。那也很難怪，因為在佛家經論中，常將之稱為「大悲」，或「大悲功德」。

若將大悲只視為悲憫，那是將如來法身功德看淺了。

甯瑪派的教法，不明示學人對法身功德的現證，到底是怎樣的境界，因為若對現證境給一定義，那麼學人所證得便只是「句義」（概念）。有如吃糖，若教小孩糖的味道叫做「甜」，那麼，小孩子便終身落入「甜」這個概念來覺受糖味，及至後來長大，吃糖的經驗豐富，那時候，便又落入種種甜味。巧克力的甜、牛奶糖的甜、水果糖的甜……，如是雖作種種分別，但「甜」的概念始終不變，由此所覺受的，便永遠落入名言概念的範圍，在識境中無法超越。

在禪定曹洞宗，便在「偏正五位」中，說此為「偏中正」。這個位，良价禪師頌云——

偏中正，失曉老婆逢古鏡，分明覿面更無他，休更

迷頭猶認影。

老婆子雙目迷蒙，古鏡亦一片朦朧，所以當「失曉老婆」照一面「古鏡」之時，雖然見到面相，但所見者卻已非「本來面目」。

持着「甜」這概念來吃糖的人，亦一定吃不到糖的本來味道。

筆者當年修學，現證如來法身功德是一片生機。這證境蒙上師認可，因此，筆者便只能依生機來理解法身功德。依這樣的理解，可以說，周遍法界一切情器世間，都藉着法界的生機而成存在與顯現。這即是甯瑪派所說的「現分」，關於現分，將來還會細說，現在暫時從略。

將如來法身功德證為生機，在意義上，便比將之視為悲憫，層次上深很多，範限上亦寬廣很多。

在我們這個世界，山川草木都無一不具足生機，所以才有動態。動態可以說是生命的表徵，可以稱之為生命力。

所以在《解深密經》中，說「阿賴耶識」（藏識）又名「阿陀那識」。阿陀那識便即是生命力，經中說它有兩種功能：一是「種子如瀑流」；一是保持人的根身不壞。

佛經說阿賴耶識，只說它含藏種子，並未說種子如瀑流。佛家以瀑流作喻，是譬喻人的根、身、識相續。瀑布流動，是一陣一陣流水的相續，人的根官（眼、耳等）與身體，其實亦是剎那剎那相續，我們稱之為「新陳代謝」等等。人的心識，亦是剎那剎那相續，沒有人可以持着一個固定不動的心識境界來生活，若無相續的心識，人連路都不能走，更不用說，他根本無法見到四時的季候變化。

　　所以，阿陀那識便是賦予人及一切生物能產生動態的原動力。那是甚麼？當然即是生命力，也就是生機。

　　至於說能維持人的根身不壞，那當然更容易理解，它即是生命力，即是無所不在的生機，所以才能會「根身」得以保存。

　　這一片生機從何而來？

　　佛家說是「法爾」，即是本來就有，自然而然就有，無須造作。如來法身功德正是法爾，有如來法身自然就有法身的功德。正如一張正常的電視螢光屏，有螢光屏就自然有它的功能，能夠顯現影像。

　　不過，極須注意的是，我們千萬不可將周遍法界（周遍佛內自證智境界）的生機，看成是各別從屬於個體的生命力，若這樣理解時，便會將周遍廣大的生機，分別為張三的生命力、李四的生命力，如是便成立了「自我」，將「自我」看成是一個不藉因緣作用便可以成立的個體。那就違反了佛所說的「無我」。是故對於此「阿陀那識」，經中乃強調其「甚深細」，而且佛陀於「凡愚不開演」，因為「恐彼分別執為我」。

　　那麼，這一片生機，為甚麼稱之為「大悲」呢？那是因為強調生機是法界的功能，當將法界視為如來法身（佛內自證智境）時，便可將如來法身功德理解為如來的悲心，令世間得以成立的悲心。

　　所以在藏傳佛學，又將這生機稱為「大樂」。若將「大樂」等同「離苦得樂」的「樂」，那就便將「大樂」看淺了，這大樂，是成立一切有情世間與器世間的樂。也可以這樣說，當生命能成立時，當生命所須的器用能成立時，這成立，便即

是樂。由於這樂廣大周遍,是故稱為「大樂」。

因此,如來法身功德、法界功德、大悲、大樂,都可理解為同義詞。

學人必須首先現證如來法身功德,然後才能現證如來法身。在我們的譬喻中,即是必須首先認知電視螢光屏的功能,才能現證螢光屏。 —— 這譬喻,只幫助我們理解不可思議的如來法身與法身功德,並非說如來法身等同螢光屏,如來法身功德等同螢光屏的功能。

智識雙運界

對於如來法身與法身功德,筆者常用「智識雙運界」一詞來加以解說。於今即略為說此。

龍樹論師在《法界讚》中有一偈頌說 ——

> 試觀心識有二面　世間以及出世間
> 執為我法成輪廻　為自證智則為如

在這裏,「出世間」便即是如來法身;「世間」便即是如來法身功德。

如來法身是出世間,這很容易理解,因為如來法身已經超越緣起、超越業力因果,是即超越了必然落於緣起與業力因果的世間,是故即是出世間。「出」便是超越、出離的意思。

至於如來法身功德是世間,那就須要解說。一切世間都依賴生機才能成立,所以可將這生機、這如來法身功德稱為

生起世間的因。但是我們雖然在名言上稱之為「因」，實際上卻並不把如來法身看成是造物主、不把如來法身功德看成是造物主的作用。因為法界的生機無所造作，只是自然而然呈現的功能，一如有太陽自然就有光與熱，所以法界生機並不是「造物因」。

藏傳佛教將這「因」稱為「含藏因」。

一切世間都含藏於法界之中，都無例外地得法界生機，由是成為存在或顯現，所以稱為含藏因實在很恰當。由於這樣，我們就可以把這周遍法界的生機（亦即把如來法身功德），稱為世間。

出世間即是智境，因為如來法身即是佛內自證智境；世間即是識境，因為一切世間都由心識認知。

所以，若當我們將在識境中的認知，看成是由「自我」所見的真實時，那就是「無明」了，由是我們就永遠在這真實中生生死死。一如生活在螢光屏中的人，例如演員，扮演完一個角色再扮演另一個角色，這就有如輪迴。

但當幕中人的心識能離開螢光屏，當他看螢光屏時，自然能如其所見而見，這就叫做「如」，為了強調所見真實（見到螢光屏的實相），又將所見境稱為「真如」。

這兩種見地，前者是見世間而不見出世間，後者是同時見到世間與出世間。前者，可譬喻為困於螢光屏內的心識，後者，可譬喻為出離螢光屏的心識。前者即是識，後者則為智。

當這樣說時，就容易理解「智識雙運」了。下來即接著解說。

要解釋智識雙運，必須先瞭解成佛的機理。

人於成佛時，一定證得「佛內自證智」。這一點無須解釋，一如我們說，當小學畢業時，一定得到小學程度的知識，這說法無可諍論。所以，人成佛時一定證到如來法身。

在這時，人的色身依然存在，色身依然住於識境，那麼，這色身又如何呢？是否因為心識出離識境（喻為離開螢光屏）的緣故，便連身體都要離開識境呢？

不須要。因為在證智成佛的同時，佛有一認知識境的智生起。在佛典中，一般將佛內自證智稱為「根本智」、認知識境的智稱為「後得智」。要注意的是，這兩種智實同時證得，是同時，並不因為名為「後得」，就把這後得智理解為成佛後之所得，在證根本智之後才能出現。

所以釋迦牟尼成佛，他的色身依然在識境中生活，一切日常生活、起居飲食都要適應識境，這時，他的心理境界就即是後得智的境界了，也即是上來所引龍樹頌中之所說，「為自證智則為如」，他即在這如如真實中生活。在《入楞伽經》，說之為「唯心所自見」。心識見到怎樣就怎麼樣，更不受名言概念所歪曲。

說到這裏，我們要打岔一下，說一說我們到底是如何去認識自己所住的世間。這可以分為兩個步驟。

第一個步驟是執着「自我」，同時執着我所見、我所聞的一切事物與現象（這在佛典中稱為「我所」）。這便是龍樹頌中所說的「我」、「法」了。對此的執着，便稱為「我執」與「法執」，總稱為「二執」，「二取」。

第二個步驟是，由於二執，我們便為我與法施設名言。

我叫做甚麼、是甚麼身份、這器物又叫甚麼、有甚麼作用，如是等等。這些施設便是世間的概念、知識、經驗，在世間中絕對真實，也絕對有用。我們讀書，其實便只是學習這些施設出來的名言與概念。

人就是通過這兩個步驟來認識自己的世界。佛家將第一個步驟稱為「二取顯現」、第二個步驟叫做「名言顯現」。二取顯現是以自我為中心來看世界；名言顯現是由概念的施設來認識世界。這即是人的心識在識境中的運作，也即是龍樹所説的「執為我法」。

佛的後得智則不然。後得智中沒有自我（無我）。沒有我與我所（二取），也不落在名言概念來看世界，所以世界不由二取而成顯現，亦不由名言而成顯現，那就可以如其真實而認知，這就是「唯心所自見」了。

所以，「唯心所自見」並不是唯心，這裏所説的「唯心」，只是客觀的認識，而哲學上的唯心則相反，是純主觀的確立，否定客觀世界的存在。

應該這樣來理解「唯心所自見」：內心的客觀認知，就是外境的客觀顯現。在這裏，完全否定了主觀的認知相，所以「無我」，同時亦無「我所」。

佛家用一個譬喻來形容這個境界，叫做「嬰兒觀佛殿」。

佛殿金璧輝煌，燈光通明，人到其中，依「名言顯現」來認知佛殿，就即是落在概念中來觀察。這是佛，所以端嚴；這是蓮台，所以清淨；這是供燈，所以虔誠；這是壁飾，所以華麗，如是等等，完全落入主觀施設來觀察。因此佛殿所呈現

的便完全是主觀認知相。嬰兒則不然，唯心所自見，見到甚麼就是甚麼，並不落入端嚴、清淨等等概念之中，這就是前面所說的「為自證智則為如」了。

說到這裏，就可以定義「智識雙運界」了。它是這樣的一個境界：以佛內自證智為基礎，由智的功能，顯現種種識境。當如實見到這境界時，便看到智識雙運界。但一加心理歪曲（二取與名言），便不能如實見到這以智境為基的識境，由是落入心識污染的境界，唯見受心理歪曲的識境。

能這樣理解智識雙運界時，便能正確認識如來法身與法身功德雙運的「如來藏」。

「雙運」譬喻一隻手

前面說到智識雙運；如來法身與如來法身功德雙運，那麼，到底怎樣的一種境界稱為雙運呢？

如果通過譬喻來說，我們可以說，譬如一隻手，那就是手背與手掌的雙運。當我們的心識認識「手」時，一定會有這樣的感覺：由手背與手掌二者構成一隻手，所以手背不同手掌、手掌不同手背。可是，手背與手掌又不能說它各自獨立，因為二者實在不能分離，我們不能削去手背只留下手掌、亦不能削去手掌只留下手背。

這種彼此不相同，又彼此不能異離的狀態，就是「雙運」的境界。

現在我們先用這個概念來理解「如來法身與法身功德雙

運」。

　　如來法身即是佛的內自證智境界，譬如電視螢光屏；如來法身功德即是佛內自證智境的功能，譬如螢光屏的功能。我們不能說佛內自證境即是它的功能，也不能說智境的功能即是佛內自證智，是故二者不同。然而二者又不能相離，譬如我們不能說：螢光屏可以離開功能而存在，亦不能說螢光屏的功能可以離開螢光屏。二者既不相同，亦不能異離，那就是雙運了。能認識這個雙運，才能認識到真實，否則，無論如何說「空」、說「有」，如何說「存在」、說「認識」，都只是由概念來建立一套完全屬於心識範疇的理論，佛家即稱之為「不究竟」。那等如研究電視螢光屏的人，只住在螢光屏裏邊來研究，無論如何，他都不能研究出真相。

　　我們若只自困於識境之中來認識識境，情形也是一樣，無論如何都見不到識境的真實。佛陀稱為覺者，那是因為他已經脫離識境的束縛，超越識境來看識境，由是稱為「解脫」、稱為「出離」，是即稱為「覺者」。這對識境的超越，是即對智識雙運界的覺受。那就是釋迦牟尼的心識活動狀態。

　　釋迦牟尼的心識活動，在佛典中不稱之為「心識活動」，《入楞伽經》給了它一個專稱，稱為「佛內自證趣境」，此中的「趣」是指「六趣」（即是六道），所以「佛內自證趣境」便即釋迦內自證的六道境界，亦即他對天、人、阿修羅、地獄、餓鬼、畜生等六種生命形態世界的認知與覺受。這六種生命形態的世界彼此互異，對他們都能了知，那就是由「智識雙運」將他們統一起來，同時加以辨別。關於這一點，甯瑪派的如來藏學說有兩個專有名詞來表達，稱為「現分」與「明分」，這將在下面再作詮說。

　　傳說六祖慧能入道，是由於在客舍中聽人誦《金剛經》，誦至「應無所住而生其心」一句，他心地豁然開朗，因此立刻赴黃梅向五祖求法。然則，甚麼是「應無所住而生其心」呢？

　　我們到處生心，亦到處住心。「生心」是理所當然的，若心不生，那便如枯木竹石，即使坐禪，也坐的是「枯禪」，了無生機，有如死屍。但「住心」則不然，凡心之所住必為識境，無論心住於任何識境，都只能通達這識境，但卻同時受困於這識境。是如學問家，可以精通一門學問，但卻亦同時受這門學問所困。這時候，心亦如槁木朽石，受困於一種心識境界。那是「有所住而生其心」。

　　學佛也一樣，若落在識境中來學佛，一旦到心識受困於「佛」的概念時，毛病就出來了，很容易將佛當成偶像，加以崇拜，成為能禍福人間的神；又或者困於佛學上的一兩個概念，例如「空性」、例如「一切由心造」，於是人就可能變成不負責任，對家庭、對社會了不關心，對人情淡漠，對天地歲時毫不尊重。這些都是「有所住而生其心」。

　　若能認知，我們是住在一個識境裏，這識境以如來法身為基，亦即以佛內自證智境為基；憑藉着如來法身功德，亦即憑藉着周遍法界的生機，識境得以隨緣顯現，那麼，我們就應該尊重這個識境，負起自己生活在識境中所應盡的責任，但卻同時心識不受識境所困，即使通達一門專業知識，亦不受這專業束縛，當然更不受名韁利鎖，那就是「無所住而生其心」。

　　但如何才能「無所住」、才能生活在識境中而不受困

呢？那就要真實現證「智識雙運」的境界，也可以說，是現證「如來藏」的境界。然而卻須了知，現證智識雙運界並不等如住於智識雙運界，因為心識凡有所住，都必然受到縛束，連「如來藏」、「智識雙運界」都可以縛住人的心識，令其不能解脫。所謂「現證」，有如吃糖，真實嚐到糖味，但心識卻不應受糖味所困，否則便會成為「糖味」的奴隸。這大概即是禪宗所說的「牢關」。

在「智識雙運界」中生活

在如來藏思想體系中，人應該怎樣生活呢？甯瑪派的如來藏教法，教人要「境來心應，境去心無」。

這便是以「智識雙運」見地為根本的生活態度。也可以說，是如來藏思想的生活態度。因為一切識境都只是智境上的自顯現，然而這自顯現卻受因緣支配，所以只須改變一點緣，整個事件的發展就會不同，然而事件的任何發展，卻都以佛內自證智為基礎，有了這個基礎（或者更正確地說，有了這個與識境永不相離的智境），人就可以藉清淨心以為緣，將逆境轉為順境。

所以「境來心應」的心，即是清淨心。然而，甚麼是清淨心呢？

首先是感恩。無論發生甚麼事情，都是如來法身中的識境隨緣自顯現，因為有這因緣，事件才會發生，事件發生之後，又再牽入因緣的網，倘若我們不斷住心於識境，作千般計較，事件可能會發展到無可收拾，現在我們可以藉一逆境的出現，及時檢討事件的因緣，那就是認識如來法身上自顯現出來

的識境，這時，我們就有機會靜下來體會如來法身功德（生機中的因緣運作），是故我們應該感恩。

其次是懺悔。一切識境的自顯現都離不開因果，如今逆境發生了，我們自己到底作過甚麼因、作過甚麼緣，因此才出現這逆境。這就要自己深刻檢討，任何事件都不要先怪對方，應該先行自我懺悔，因為自己是因緣的造作者。

最後是發願。當逆境過去之後，自己會怎樣端正自己，並且為社會作出點怎樣的貢獻，或者會為別人作點有益的事，如是等等。

這樣，經過感恩、懺悔、發願之後，心就清淨了。然後憑着直覺，持着清淨心去應付事件，那時候，一定心平氣和，處事持平，事件往往就得到解決，甚至可能，這一事件的結局會成為將來得到順緣的因。

不妨敍說一件在筆者身上發生的事 ——

西元1970年，筆者開了一家公司，代理澳洲和新畿內亞的黃金。澳洲需要一家香港代理，是因為香港黃金市場大，加上倫敦五大金商都在香港開有分公司，交易方便。

公司初開，相當好景，可是後來漸漸經營困難了，公司分紅減少。那時公司的經理是筆者的舊同事，相識了近二十年。他跟筆者商量，可不可以借五百萬港元給他做點私幫生意，因為工資要交給太太，花紅不夠他開銷。

筆者問他做甚麼私幫，幾經盤詰，他才神神秘秘地透露，他最近結識了一位小姐，是銀家的女兒，有辦法在法國賣白粉，也有辦法從東南亞入貨，一次走私，至少有八倍利

錢，所以借我五百萬，他可以還我一千五百萬。筆者聽罷，當然嚴詞拒絕。

也是合該有事，隔一個月，澳洲來人看業務，他攜同太太，他太太很想去澳門一遊。

筆者心中盤算，如果星期六晚上去，星期天晚上返，那就剛好是人多來往的時期，假如星期六上午去，星期天上午返，那就可以避過人潮。如是決定之後，星期六一早便把銀行保險箱鑰匙交給那位經理。事後想起，那是天大的疏忽。

果然星期一回到辦公室，公司職員個個面色有異，看看辦公桌上，有一大疊「當票」，附上一張字條，說保險箱的黃金他暫時借用，當票的銀碼總數是一千七百萬，他賺到錢，三倍奉還。筆者見時才知道他死心不息，唯有跌足長嘆，因為等如自己欠澳洲一千七百萬，七十年代初期，那是一筆大數目。

跟澳洲那邊商量，他們同意借給我一千七百萬，將黃金贖回，借款分五年還清。那真的已經是天大人情。

第二天打開報紙，中環的一家大廈易手成交，成交價一千七百萬，筆者啞然失笑，原來自己的負債是一幢高等商業區的商務大廈。

那時候，筆者已在學以如來藏為見地的「四部心要」法門，在負巨債的壓力下，很難專心學習。然而正當心亂如麻之際，便想到「境來心應」，現在「境來」了，如果再「以心轉境」，盤算計度，徒然給隨着盤算而來的境界動亂心意，因此決定萬事不理，依舊專心學習。筆者相信，憑自己的意志力，憑自己對上師與教法的信心，一定可以將逆緣轉化為順緣。

果然五年之後，不但弄通了如來藏思想，且能於觀修中

得「智識雙運界」的決定，熟習了於識境中作四重緣起層層超越的觀修脈絡。同時，債務亦得以還清，一切都是順緣。

於還清債務那一天，真的覺得世事如夢如幻，於瞬息間變化萬端。如果當時中斷學佛，將二十四小時都放在香港、倫敦金市，企圖賺錢還債，結果恐怕反而會焦頭爛額，因為那幾年恰是金價暴漲暴跌的幾年，愈是貼近市場的人愈容易被市勢驚嚇，到頭來，錢賺不到，學佛也不成，竹籃挑水兩頭空。反不如放開心事，總算不負法王之所望，對如來藏思想有點心得。拿着這些心得去研究西方哲學，懷疑論、經驗論、本體論、存在主義、實用主義，以至西方哲學的精華，辯證法，都可以看出它們的脈絡，可以用如來藏思想來跟它們定位。因為這些哲學因素，都可以在如來藏思想中找得到。

這就是叔本華所說的，意志就是實在。

另外，還有一件事。香港金剛乘學會於西元1986年，寫一封信，證明學會派筆者往美國傳法。筆者因法王囑咐靜修，便決定往夏威夷客居，同時拿着該證明信向移民局申請入藉。

這申請，一申請就前後八年，不批准，也不拒絕。期間發生了一件事，筆者在麗晶酒家喝午茶，湊巧碰到導演張堅庭也來吃中飯，見到筆者，熱烈招呼。當下閒談幾句也就別過了。誰想第二天，麗晶酒家的徐隆輝卻來找筆者，告訴一件事——

有一位美國人，懂說普通話和廣東話，是麗晶的常客，那天他問徐隆輝，筆者到底是甚麼人，跟張堅庭那麼熟，徐告訴他，筆者就是「王亭之」，那美國人聞言跳起來，驚奇

地道：「他真的是王亭之？」後來又喃喃自語：「對了，據說王亭之到了夏威夷。」

於是他就告訴徐隆輝，他是聯邦調查局（FBI）的人，負責跟蹤筆者，因為收到香港的一封告密信，說筆者是特務，為中國收集情報。如果筆者是王亭之，那就可以結案，證明是誣告了，因為他曾長期在香港工作，每天追看筆者在報章上發表的專欄，十餘年下來，瞭解筆者的言行，肯定筆者沒可能做特工。

他對徐隆輝說：「我本來老早就肯定這個人不是特工，他不懂開車、不懂拍照，除了喝茶吃飯就老泡在家中，交際應酬十分之少，哪會有這樣的特工！」

他還對徐隆輝說，這件事對筆者申請移民十分不利，應該請教律師。當晚，他還約徐隆輝喝咖啡，將告密信給他看，叫他告訴筆者誰是告密者。此舉顯然犯規，他敢這樣做，大概是出於老讀者對寫作人的同情。

徐隆輝將這告密人的名字抄付筆者，筆者一看，大吃一驚，為意料所不及。

筆者雖然吃驚，但亦只是感慨，不動聲色，萬事由他去罷。結果有如長居夏威夷，離境就要向移民局申請。筆者亦無意離境，趁有餘暇，拿着屈映光上師送給我的一本《同文韻統》，自學梵文、藏文，於西元1990年開始試着繙譯龍青巴尊者的《四法寶鬘》。這書有英譯，對當時翻譯藏文有很大幫助。

及至1993年，移民局一位高級職員向筆者坦白表示，筆者的申請無人會批准。問他為甚麼，他說，FBI沾過手的事，

沒人想理，但又沒理由否定你的申請，所以一拖多年。再問他，這調查不是已經結案了嗎？他笑笑說：雖然已經結案，但畢竟弄到案情複雜，最好的辦法是回到香港重新申請，他還提示，可以申請加拿大。

於是筆者辦理加拿大移民，移民官接見時十分客氣，當場就安排筆者一家驗身。

定居加拿大之後，筆者深深感到逆緣可以變成順緣的道理，因為多倫多大學藏書豐富，而且還有大量藏文文獻，對繙譯與著作都十分有幫助，若躲在夏威夷，一定不可能由一九九三年起至今，繙譯、著作，出版了六十多本書，更不可能專門研究甚深秘密的如來藏思想。

給人告密，是給筆者製造了逆緣，但平心而論，倘若筆者着意於傳法，就一定不會熱心於繙譯和著作；倘若移民夏威夷成功，那就可能安居夏威夷，繙譯和著作都沒可能得到今天的成績，此所以橫逆相加，反而助成筆者花甲以後的事業。

筆者一直抱着這樣的心態：如今藏傳密宗的傳法人已經夠多，若自己也熱心參與，那無非只等如在食肆林立的街道多開一家小館子，倒不如盡有生之年，將如來藏的見地與觀修公開，讓所有密乘弟子都有可能知道藏傳佛教的真相，同時知道，漢傳佛教的禪宗其實跟藏傳的如來藏思想同源，所以禪法等同最高密法，因此筆者才熱衷於繙譯和著作，傳法云云，隨緣可也，收一個弟子就要為一個弟子負責，要令他通達「智識雙運」的生活境界與解脫道境界，不是一件輕易的事。是故與其高調開道場，吸引弟子，倒不如將法門說清，將正法扶正。筆者不熱衷於當上師，肩上重責，只隨緣教導，亦已壓力相當。

　　因此筆者從不以上師自居。自己只是一個佛陀的弟子，一個從事如來藏思想研究的學人。所以熱衷開山收徒的人，對筆者實在不必防範。

　　通過筆者這件將逆緣轉為順緣的事實，讀者大概就明白甚麼叫「境來心應」，那是不應之應，然後決定自己應該做甚麼事。至於「境去心無」，那是不必解釋的事。此事筆者從不縈懷，也沒有任何反擊的動作，事隔二十年重新提起，只是因為已事過境遷，同時想將這件事作為實例，說明如來藏思想的生活態度。

　　這態度，不是純粹的退讓，只是將不利因素化為積極因素。對方的心病在於傳法，如果筆者偏要熱心傳法，那就要高調、要反擊，但如果將自己的精神放在學術而不是宗教，那便無須跟對方計較，同時，可以將學術利益所有學佛的人，而不光是自己的弟子。

　　倘如熱心收弟子傳法的人，讀過筆者的書，肯將如來藏思想正確地弘揚，而不將自己對如來藏的偏見加於如來藏身上，亦不將如來藏當成是神秘的思想，故作高深，那麼，筆者的努力便也得了回報。

　　人若能持着如來藏思想來生活，不但對自己有利，對人也有利，所以不光只是修養。筆者自己就覺得，能將傳法轉移為學術，即是將逆緣轉為順緣的關鍵。若忙着收弟子，筆者肯定無法將真正的如來藏思想傳播，只能任由純粹站在唯心立場的人繼續污染如來藏。

小結如來藏

　　為方便讀者，這裏將前面說過，關於如來藏的內容作一小結，並略補充餘義，以便下文開展如來藏見修領域。

　　如來藏是如來法身跟法身功德雙運。

　　如來法身是一個境界，不是一個個體。這個境界，叫做「佛內自證智境」。無論甚麼人成佛，他都證入同一境界。

　　如來法身功德即是如來法身的功能。憑藉着這個功能，在如來法身上才有種種識境自顯現。

　　住在識境中的人，無法通過識覺來認識佛內自證智境，佛典中便將這情形說為「不可思議」。

　　無法見到智境，但卻可以見到識境，所以說，「佛內自證智境」唯藉識境而成顯現。因此，一切世界都可以說是藉識境而成顯現的智境（佛典上便說為「名為藏識之如來藏」）。

　　這樣，就成立了「智識雙運界」。

　　智識雙運界是佛內自證境上有識境自顯現。於中，智境不因有識境顯現而變了質、變成受污染，這在佛典上稱為「無變易」；識境不因隨緣自顯現就離開了智境，這在佛典上稱為「無異離」。

　　智境無變易、識境無異離，即是智境與識境的「雙運」狀態（雙運相）。這即是「如」，也可以名之為「實相」。

　　為了方便理解，甯瑪派將佛內自證智境譬喻為一個基，一切識境即在這個基上自顯現。

　　這個基，名為「本始基」。説為「本始」，是為了強調它不由任何力量所造，是自然而然的存在。

　　本始基有兩種功能，名為「現分」與「明分」。下來即將細説。這兩種功能，也即是「如來法身功德」。

　　在這裏，我們可以將本始基譬喻為電視螢光屏；現分和明分譬喻為螢光屏的功能。至於螢光屏上出現的影像，則可譬喻為智境上隨緣自顯現的識境。

　　所以，這裏有兩重雙運。

　　第一重是：如來法身與如來法身功德雙運，是名為如來藏。在我們的譬喻中，這是説螢光屏與螢光屏功能的雙運。

　　第二重是：佛內自證境與隨緣自顯現的識境雙運，亦可名為如來藏。但若稱之為「智識雙運界」，則更容易理解一點。在我們的譬喻中，這是説螢光屏與螢光屏上的影像雙運。

　　下文將會説到，學人是先持着第二重雙運境而作觀修，這時候，只能看到自己的心性。

　　然後，學人持着第一重雙運境來作觀修，這時就能見到法性。

　　這是觀修如來藏的兩個重要步驟，在禪宗，即是初關與重關。

　　前面談到「識境自顯現」，其實應該説：「識境隨緣自顯現」，因為識境不能無局限地在智境上顯現出來，「緣」就是它的局限。

　　這一點，下文即將細説。

二　識境隨緣自顯現

隨緣自顯現

　　如來藏思想中最重要的一點是：佛內自證智境（法身）不可思議、不可見、不成顯現，唯藉成為識境而顯現。

　　所以佛家説，一草一木都是如來法身。

　　一草一木是識境中的事物，既然如來法身不可見，唯藉識境而成可見，因此這一草一木便也即是如來法身所成的識境自顯現。

　　但我們卻須知道，這一草一木其實有兩重體現：第一，它是依附着如來法身（依附着佛內自證智境）而成顯現；第二，它能成顯現，是因為法界有無處不在的生機（周遍法界的如來法身功德）。這即是，識境跟智境的依存關係（稱為「智識雙運」）。

　　不過，這樣來認識識境還不夠，嚴密一點、精確一點，應該説：識境是在智境上「隨緣自顯現」。這又有兩重意思：第一是「隨緣」、第二是「自顯現」。

　　必須理解這兩點，我們才能掌握如來藏思想的主要脈

絡。

　　先略說「自顯現」。

　　強調為「自」，那就否定了造物主，但卻不否定法界（佛內自證智境）的生機。亦正因法界有生機，所以識境中的生物與非生物才能自成顯現。

　　然而這「自顯現」卻亦非沒有條件，一切事物都須靠「因緣和合」才能生起，佛家稱此為「緣生」。依甚深如來藏義，「因緣」有四重，這當於下來再說，現在且先談最深密的一重「緣生」，是謂「相礙緣起」。

　　相礙即是局限，每一種事物都有它自己的局限，必須能夠適應這些局限，事物才能圓滿生起。例如，有眼、有耳，是人因應他所受的局限而成顯現，換句話來說，沒眼、沒耳，就不能成為一個完整的人體，因為他未能適應相礙局限；蚯蚓卻不同，沒眼也沒有耳，卻是一條完整的蚯蚓，因為它所受的局限根本與人不同。這就即是「隨緣自顯現」的「隨緣」了。

　　還有最根本的一種「隨緣」，那就是時空的局限。我們生存的世間三度空間，因此一切事物就必須是立體；我們生存的世間一度時間，因此一切事物都必然會老化。這可以說是我們這個世間的自然規律，但這其實是這世間最根本「緣」（條件）。

　　說為「隨緣」，也就解釋了對「自顯現」的疑惑。因為當說「自顯現」時，人們可能會懷疑，人由父母所生，怎能說人是自顯現呢？現在就可以明白，「父母所生」無非亦是人所適應的局限而已，因為「父母」其實就正是生起子女的「緣」而不是「因」。沒有生機，又怎能受孕而成子女？所以，生機

才是一切事物生起的根本因。

在識境中，不但生物才須要生機，其實連非生物都須要生機。二億五千萬年前，也即是侏羅紀時代，那時的「造山運動」就是一次生機流露，所以蜿蜒的山脈，即成為我們這個地球能量的重新分佈。沒有崑崙山脈的生機，就沒有黃河；沒有黃河，中華民族就會成為另外一種形態的自顯現，因為那時會形成另外一種文化，用以適應另外一種大自然生態。

所以，佛典讚嘆如來大悲功德，那即是讚嘆法界中識境一切法（事物）的自顯現根本因。── 這個因，如果稱之為「生因」，本來亦無不可，但卻怕人們把它等同「造物主」，所以佛家才稱之為「含藏因」。

當我們能這樣來現證「識境自顯現」時，便見到法界中識境的「實相」了，所見即名為「如」，或稱「真如」。可是卻須了知，這裏說的是「現證」，而不是理解。理解只是識境範圍中的事，「現證」卻已離識境。這就是我們的譬喻，住在螢光屏中的人，充其量只能理解螢光屏的影像，必須心識離開螢光屏來看螢光屏，才能見到螢光屏影像的實相。

龍樹論師在《法界讚》中有偈頌說 ──

> 若於真如顯現時　所行轉起淨金色
> 若於真如無現時　行而無果唯嘆息

這即是對能現證「識境隨緣自顯現相」的讚嘆。能現證，最少已是初地菩薩，入菩薩行，所行清淨（脫離識境的縛束，是故清淨），由是喻為「淨金色」。至於我們凡夫，

受識境中種種名言所困，一切行都落於概念而行，是為「真如無現」，所以就離覺者之果（佛果）遠了。

先談「自顯現」

這一篇，本來應該接着說「隨緣自顯現」的「隨緣」，但由於說識境是「自顯現」可能引起一些誤解，所以還是先把這問題說清，然後再說「隨緣」。

前面已經說過，識境的自顯現並不是無限制的自顯現，它還受到「緣」（條件）的約制，但雖然這樣說，卻還可能引起誤解，以為識境的顯現陷於宿命。

人可能這樣想：人有命運，命運就是「緣」，所以人便受到命運主宰。命運是既定的，已定的命運遲早要到來，所以人便只能任由命運支配，等待命運自顯現。

這種宿命觀，是對如來藏思想最錯的誤解。如來藏思想本來正是糾正宿命論的最好武器，能令我們持着如來藏的矛來衝破宿命的網，現在，這根矛卻忽然變成網了，怎麼可以。

正因為「自顯現」要「隨緣」，所以人就可以在行為與思想上來創造這個「緣」，由是人生才非宿命。所以如來藏思想帶給人的，是積極、正確的生活態度。

甚至，我們傳統的「天人合一」思想，也可以說與「隨緣自顯現」的思想合流。天人合一是人與大自然的融和。漢代的儒家認為，周代是天人合一的典範，周樂、周禮都是「尊天」的文化，所以周代的禮樂與「天命」相應，由是為我們帶來了近四百年的太平歲月，直至西周末，禮崩樂壞，然後才有

人不與天相應的動亂，於是天災人禍不絕。因此，漢代的儒家便企圖重新整理禮樂，由天人感應以致太平。我們姑且不談他們禮樂的內涵，但從其主觀企圖來說，那便是「緣」的創造，這「緣」即是儒家理想中的社會秩序。

他們的社會秩序有一個原則，是為「天下為公」，以民為本。這民本思想比西方的民主思想要卓越，民主可以有雙重標準，民本則不然，標準只有一個，利民與便民。所以民主可以弄虛作假，可以瞞騙民眾而依然稱為「民主」，民本則不然，從社會效益就可以判別當政者是否以民為本。

天下為公、以民為本可以說是「天則」，所以與天相應，那便是良好的「緣」，有了這個緣作為主導，國家就得享太平。因此，隨緣自顯現實在充滿積極因素，恰恰掃除宿命。

讀者也許會問，如果我們作惡緣呢？

那當然就會招致惡果。混亂的社會、吵嚷的家庭、腐敗的機構，都一定有他們自作的惡緣。如果用天人合一思想來評價，那就是違背天則、違背自然規律。巧取豪奪、弄虛作假，那是違背天理的侵吞，那即是違反了天下為公、以民為本。因此，我們不能將動亂、崩敗視為氣數，應該立刻警惕，順應天命以作整頓。這就稱為撥亂反正了。

你看，隨緣自顯現是多麼積極的思想，這正是如來藏思想的特色。雖然主張「出世」，但卻從來不曾遺棄過識境（世），只是由「出世」去觀察，然後「入世」為一切有情作大悲事業。因為是為一切有情，所以天下為公；因為是作大悲事業，所以必然以民為本。

　　所以我們不可光看到「自顯現」便以為無可奈何，我們還要看到「隨緣」這一點。

　　個人的行為與修養也是這樣。每有所為，應該先想想這是善緣抑或惡緣，那麼，命運就在自己掌中。倘若陷入宿命的泥沼，人不求自作善緣，那就是不曉得自求多福。

　　所以「隨緣自顯現」的人生觀也是積極的。

　　遠古時代的人刀耕火種，那便是積極的行為。人不能埋怨土地貧瘠，年復一年，用火燒收割後的田，植物灰就終於能夠將瘠地變為良田，由是就有豐收的「自顯現」。

　　說為「自顯現」，即是說並非有一位天神在庇佑以致豐收，只是豐收的「緣」足夠了，自然就隨著有豐收的果。

　　以此為例，便知如來藏思想其實便是積極的人生觀。

　　反之，若以為人的命運由神佛作主宰，我們可以求神拜佛以求福，那就是放棄人生的努力，陷入無知的迷信。

　　香港有一株「許願樹」，據說，人買一張紙牒，將自己的姓名和願望寫在牒上，將紙牒往樹上拋，若能掛在樹枝上時，願望就能滿足。結果這株老樹不堪長年累月的負擔，結果枯老得很快，要勞動政府部門來搶救。

　　這株樹如果有神，它便不應枯死。而且，縱使有神，小小的一個樹神，又能作些甚麼威福呢？他怎能令人發財，又怎能令人結成配偶？

　　所以把這許願樹視為遊戲，那還可以，充其量只是無益的遊戲，倘若真的將命運寄託於這株樹上，那就是不懂得為自

己的幸福創造一個善緣。

　　總的來說，隨「緣」自顯現的「緣」，其實就是自顯現的條件，為社會創造條件、為自己創造條件，就能得到理想的「自」顯現。

　　這裏強調自顯現的「自」，目的是說，無一冥冥的神力可以主宰顯現，唯一的主宰就是客觀條件的創造。

　　前面談過的天人合一，是叫人要順應着大自然來創造社會條件，這樣，人就不會恣意破壞自然，浪費自然的資源。前面談過的以民為本，是叫人要關注大眾的須求，從以創造利民的條件，這樣就不會有濫權，社會就有公平和正義。

　　歷史告訴我們，每一個王朝的末年，必有社會大動亂，這些動亂，恰恰就是王朝結束的緣（其「自顯現」的識境，就是王朝結束）。你看，「自」顯現多可怕，這個「自」，是一切客觀因素的總和，當王朝結束的緣成熟時，便半點也由不得人，王朝即使擁有千軍萬馬亦無所用。例如滿清政府，當年打入關內的八旗兵依然在手，但區區一地的武昌起義，就能讓這二百多年的王朝崩敗。

　　引一句亡友鷗外鷗的詩 ——

　　　　關鍵在一個「自」字

再談「隨緣」

　　識境在智境中顯現，是「隨緣」自顯現。那麼，甚麼是「緣」呢？

　　筆者說：緣就是客觀條件。但佛典中卻沒說得那麼淺白，佛典所說的「緣」，有兩個不同的範限。若通說，「緣」可以是直接生果的因、也可以是生果的間接因。若別說，那就專指直接因以外的間接因。

　　例如，植物種子是生起植物的直接因，所以在通說時，可以稱為「緣生」植物的「緣」，但在別說時，則只能稱這種子為「因」，卻不能說之為「緣」。

　　現在說「隨緣自顯現」的「緣」，是用通說，即是總括直接因與間接因而皆名之為「緣」。仍以植物為例，植物的成長除了有一顆種子之外，還要有其他的客觀條件：把種子種在土地上，澆水、施肥，還要加上陽光的煦育，若通說，則一切皆可名之為「緣」。（倘若別說，那就要將種子稱為「因」，其餘種植、水、肥料、陽光等等才稱為「緣」。）

　　龍樹說「緣生性空」，用的也是通說。說「緣生」，也就包括了生起果法的因。

　　在這樣的理解下，談「隨緣」的「緣」，依如來藏學說，可以說有四次第的緣，稱為「四重緣起」，一重比一重深，所以成為次第。次第有如階梯，要超越下面的一重，然後才能升登上面的一重。

　　這四重緣起，依甯瑪派的說法，名為 ——

　　　1）業因緣起
　　　2）相依緣起
　　　3）相對緣起
　　　4）相礙緣起

漢傳佛教的華嚴宗則說「四緣起」，名為——

1）業感緣起

2）賴耶緣起

3）如來藏緣起

4）法界緣起

將藏傳與漢傳的說法比對，基本上可以說是相同。這原也不奇怪，因為彼此的佛學實在都由印度傳來。然而源頭雖同，卻有不同的開展，主要的差別在於，藏傳甯瑪派將這四緣起視為四重，一重超越一重，漢傳華嚴宗則不強調四重，只將之視為不同宗派所主張的緣起學說。小乘所主為業感緣起、大乘始教（唯識宗）所主為賴耶緣起、大乘終教（中觀宗）所主為如來藏緣起、大乘圓教（華嚴宗）所主為法界緣起。

華嚴宗的四緣起雖未說為四重，但其實亦分高下次第，因為既經分宗，那就有高下之別。例如依華嚴家的觀點，大乘終教就應該比大乘始教為高，所以如來藏緣起就高於賴耶緣起，華嚴宗所主的法界緣起則為最高。

然而雖然有高下之分，漢傳華嚴宗的緣起卻不談超越，並未建立一重超越一重的觀修。藏傳甯瑪派則不同，有重重超越的觀修，並由超越而建立空與有。這一點，下來即將專章談及。

現在且說「隨緣」。

隨緣的意思，四重緣起所「隨」各有不同。

1、在業因緣起，「隨」是指因緣成熟（客觀條件齊

備），仍以種植為例，如果種子、土壤、陽光、雨水、肥料齊備，就可以「隨緣」生起植物。

2、在相依緣起，由於是說心識與外境相依，「隨緣」的意思，則指隨着不同的心識（緣）而成不同的自顯現，例如依人的心識，水自顯現為飲料，依魚的心識，水自顯現為它的居所。

3、在相對緣起，由於是說心性與法性相對，「隨緣」的意思，便指由一法性開展為多心性，即隨種種心性（多）生起種種事物（顯現）。

4、在相礙緣起，由於是指生起事物所受的局限，所以「隨緣」的意思，便指對種種局限的適應。例如人的身體，即是由於能適應種種局限，然後才成熟為如此精密微妙的軀殼。

因此若依四重緣起來看事物的自顯現，即可分為四重觀點。業因緣起是十分現實的觀點，而且是專論事物本身而不及其餘（例如心識），所以相當唯物。

相依緣起是着重心識，認為事物並非顯現為定相，它的顯現相，可以隨着心識而改變（名相上稱為「變現」）。在唯識宗，即定義此為「唯識無境」。

相對緣起可以說是佛家「一切唯心造」的觀點。「一切唯心造」跟「唯識無境」不同。所謂唯識無境，雖然只承許主觀的心識而否定客觀事物有定相，但卻未說事物只能由心顯現，一切唯心造則純屬唯心，唯由主觀的心性來顯現事物，事物的相，只是由心造作而成的「行相」。

所以，相依緣起還可說為客觀的唯心，相對緣起則是絕對主觀的唯心。

　　相礙緣起不否定心識跟外境的關係，但卻不認為心識可以絕對決定事物的顯現相，事物的相是由事物自己適應局限而成相，譬如水向下流、火向上炎，即是水與火對客觀條件的適應；又譬如生物的形態，亦是各各生物對生存條件的適應。所以相礙緣起不但唯物，而且辯證。

　　是故四重緣起的重重超越，可以說是由唯物走向唯心，再走向絕對唯心，然後走向唯物辯證的過程。

　　必須通過這過程來認識識境的存在與顯現，才能深刻認識。否則，我們不是偏執於外境就是偏執於心識。只有通過相礙緣起來看識境隨緣自顯現，才能持平，既不否定心識攀緣外境的功能，亦能承許一切客觀條件的局限與適應。而且，我們的心識其實也受到局限，所以由受局限的識去觀察受局限的外境，便成為識境中的真實。

　　說到這裏，我們對「隨緣自顯現」應該已有初步的理解。

三　成立如來藏

為何要成立如來藏？

　　釋迦說大乘法，先說「般若」，是為二轉法輪，繼說「如來藏」，是為三轉法輪。但這只是一般的說法。

　　有一個說法是，釋迦在說小乘法之前，實已先說「華嚴」，這便已經是如來藏教法，但後來因為聞法的人未能接受這深密教法，才改說「四諦」，是為初轉法輪的小乘教

法。這說法普遍為佛家大乘諸宗派承認，不能說是華嚴宗人自己的說法。

至於釋迦於二轉法輪時說般若，那是很順理成章的事，他在說小乘法時早已說「空性」，亦說「中道」，現在說般若只是將空與中道成立一個獨立系統來說而已，在這法系中，釋迦強調「大悲」、強調「如來法身功德」，因此許多學者都認為，大乘法跟小乘法的主要差別，只是說悲心與不說悲心，若說悲心，那便是「菩提心」的建立，因此菩提心的成立，便即是大乘教法的主要特色。

若瞭解如來藏教法的人，則知道事情並不是這麼簡單。成立悲心，強調「大悲」為如來功德，依如來藏學說的說法，這其實已經是成立「智識雙運」，有如說如來藏教法，只不過於說般若時未施設「如來藏」這個名相而已。

而且，於二轉法輪時，還出現了一個特別的法門，名為「文殊師利不二法門」，或名「妙吉祥不二法門」。「文殊師利」是梵文 Mañjuśrī 的音譯，「妙吉祥」則為意譯。此中的 Mañju，實指佛內自證智境，智境不能用識境的文字語言來如實表達，故只能稱之為 Mañju，前代譯師譯之為「妙」，那是很傳神的譯筆。此中的 śrī 則指識境隨緣自顯現圓滿，是故前代譯師則譯之為「吉祥」，這亦是繙譯上的神來之筆，令我們後學心儀。

若知如來藏教法的人，則亦當知，由「妙吉祥」之名實已表達出「如來藏」的義理，所謂「不二法門」的「不二」，正是「智識雙運」，「如來法身與如來法身功德雙運」。

這不二法門教法成為一系獨立經典，說法的人主要即

是文殊師利菩薩，有時文殊化身為釋迦説法，甚至有時，文殊令魔王波旬現身為釋迦説法。這樣的表達法門方式含有深義，因為如來藏學說認為智境上雖有識境顯現，但智境則「無變易」（不受識境污染）；識境雖於智境上作隨緣自顯現，但卻與智境「無異離」，所以文殊雖是識境身卻亦不離佛智境，甚至波旬雖現為魔逆，實亦不離智境，是故亦可示現成釋迦相以説法。

更如在《維摩經》中，維摩詰説，由「六十二種外道邪見」而入道。何以由邪見可以入佛道？無非亦是如來藏的理趣，智識雙運，不一不異，如此而已。這亦正是不二法門所表達的義理。

釋迦於成立般若教法時，同時成立不二法門系列經典，那就可以説是「明説般若，實説如來藏」，説般若，説空性，只是用「法異門」來説如來藏。

所以民國初年支那內學院的大學者呂澂先生，於《入楞伽經講記》説 ——

> 四門所入，歸於一趣，即如來藏。佛學而與佛無關，何貴此學，故四門所趣必至於如來藏，此義極為重要。

《入楞伽經》説「八識」、「五法」、「三自性」、「二空」四門，所説都為識境中事，所以呂澂説之為「佛學而與佛無關」，因此必須歸趣入如來藏（用我們的説法，那就是將識境中事歸趣入佛內自證智境），然後始能説為「佛學」。呂澂先生可謂獨具慧眼。

呂澂先生接着説 ——

如來藏義，非《楞伽》獨倡，自佛說法以來，無處
不說，無經不載，但以異門立說，所謂空、無生、
無二，以及無自性相，如是等名，與如來藏義原無
差別。

由是知二轉法輪由般若說空性，以及不二法門的開展，
都實在即是說如來藏，然後於三轉法輪時正說如來藏，是為說
究竟法。

於三轉法輪時，釋迦還說「瑜伽行」，那是說如來藏的
觀修。修學的行人在識境中觀修，及至成就，則識境與智境相
應，這「相應」便即是「瑜伽」。

由於主要是說人在識境中的觀修，所以便說到人的心
識，這即是三轉法輪說瑜伽行時，特別說到「唯識」的緣故。
現在唯識末流認為唯識學是佛三轉法輪的究竟說，說瑜伽行不
重要，至於如來藏則更是不了義說，這觀點恰好跟呂澂相反。
呂澂認為「佛學而與佛無關，何貴此學」，所以唯識學亦必須
歸趣如來藏，他們卻以唯識學作為佛法的歸趣。呂澂為民初唯
識學的殿堂級大師，跟如今的唯識學人，在治學觀點相距卻如
此之大，那是令人驚詫的事。

不過這也難怪，佛家經典實在太浩瀚，而且「法異門」
甚多，一個基本義理，由於「甚深」，那就要用另外一些義
理來為它鋪路，這些另外的義理，如空、無生等，即成為基本
義理的法異門，由「異門」以說法。當學人唯耽於一異門之學
時，窮年累月唯於此異門中作生計，那就容易以一己之所學為
佛學的究竟，由是排拒其他的學說，甚至排拒佛「無處不說，
無經不載」的如來藏學說。

　　這情形其實亦非今日為始,遠至唐代,如來藏及觀修如來藏的瑜伽行,即已有學者致疑,因此學人才覺得有成立如來藏,為人解惑的需要。漢傳佛教天台、華嚴兩宗的祖師在這方面用功最勤,他們的根據主要是《大乘起信論》,由是用《起信》成立如來藏便成為漢傳佛學的特色。

　　近代學人懷疑《起信》不是印度傳來的佛典,説為偽作,由是波及天台、華嚴兩宗的學説受到否定,從此漢傳佛教陷入危機,因此,我們實在有重新成立如來藏的必要,否則不但漢傳佛教受到否定,甚至連主張觀修如來藏的藏傳佛教亦同時受到否定,情形發展下去,定然引起信心危機,唯以「與佛無關」的佛學為佛學,那便真的是末法時代,導致「法滅盡」了。

　　本篇下來依甯瑪派近代大學者不敗尊者的《獅子吼廣説如來藏》,用《寶性論》來成立如來藏,那就可以令人信解如來藏,同時還能正解如來藏,對如來藏義的理解不落偏差。

　　這就是本章寫作的旨趣。

佛家的「四理」

　　要說如何據《寶性論》來成立如來藏,先得說明佛家如何成立一個學説。

　　佛家成立學説,不空口說白話,亦不認為佛至高無上,凡所有說必為真理。恰恰相反,佛認為內自證智境實在無法表達,有如吃糖,口所嚐的味道根本無法說出,唯有施設一個名言,用這名言的概念,約定俗成地來表達,因此說糖味

是「甜」，然而這「甜」卻實不能說是糖的真味，只能說是一個「約定俗成」的概念。因此說，「甜」這個施設，只是「假施設」。在成立學說時，亦只能用假施設來成立，由假施設來表達佛內自證智境界。

所以佛家說有兩種「法相」（法的表達），一種是「宗趣法相」，一種是「言說法相」。

宗趣法相為佛內自證智境，遠離識境的語言、文字、概念，是故不可思議，此即禪宗之「不可說」。

言說法相則為假施設、假建立，不可說而說，將智境施設為識境而說，這即如為成立一個學說而說。

不過，為成立學說而說亦不能無理，所以佛家即建立「四理」，由此四理而成說。

四理的建立出於瑜伽行派的經論，見於該派的根本經典《解深密經》，復有許多論典釋此四理。這四理，即是考察學說能否成立的依據，辨別理與非理，學人則依此而「如理作意」，所以亦是思維的原則。

四理之名，諸宗依梵文繙譯各有不同，玄奘法師譯為：觀待道理、作用道理、證成道理、法爾道理，較諸宗為佳，若求能通俗，則筆者認為可譯作：相依理、作用理、證成理、法性理。

今將此四理依《大乘經莊嚴論釋論》略釋如下——

1、相依理

若成立學說正確（成為正見），或辨別一學說是否正確

（由是得正見），則必須依於正思維。所以正思維與正見二者相依，此即相依理。

相依理為「依果立因」。此如「父子」。「父」這名言須依「子」這名言而成立，若一男人無子，則終其一生皆不能名之為「父」，這即是父之名必須依子之名而成立。

在現實生活中，父本來是子的因，子則為父的果，現在一落名言，便必須由「子」來成立「父」，如是即為依果立因。

成立學說即是名言的應用（是即成為假施設名言的言說法相），所以便應符合相依理，正見須依正思維而成立。實際上正見本來具在，不待思維而成立，如今要落在識境的層次來成立，便須依識境中的正思維，是如「父」之依「子」。

2、作用理

依正思維得正見，正見即能起一作用，令能生起現證果。此由見生果，即是由因生果作用理。（所以真諦譯之為「因果道理」；求那跋陀羅譯之為「所作事成」）此處正見即為生起現證果之因。

這即是說，若學說正確，則此學說當能令人得果。若無生果的作用，則此學說便不能成立。這不但是佛家的學說如此，即使是世間道理亦應如此。例如牛頓力學，可以生起我們現實世界的種種科技；量子力學則能生起微觀世界的種種科學。至於詭辯學派的「白馬非馬」，則此學說實不能引生任何果法。

3、證成理

這是邏輯上的考察，由現量、比量來抉擇一個學說，看是否能通得過考察。

因為凡學說都必在識境中建立，所以便應該能受得起識境的考察。印度古代學者成立的正理與因明，便成為考察的標準。考察的依據是立量，人能親緣者立為現量，如見木柴燃燒而說有火；由推理而成立者為比量，如見煙說有火。如是即是「證成」。

瑜伽行派重視「作用」，因為他們的觀修即為求得現證果，所以對一學說須加以考察，從而證成，否則便恐怕為一非理之說所誤，令人不能得果。

4、法性理

前說三個理，都是將智境（實相）放在識境上來成立，但有些學說是「本來如是」的實相，那就不應更用任何識境上的理來思維、抉擇、考察。

佛家說：「山已成就，不可更思。」

那即是說對着一座現成的山，即無思維、抉擇、考察的餘地。若還要思維它到底是不是山、抉擇它成未成山、考察它如不如山，那就是鑽入牛角尖。

譬如說：「正見能斷煩惱」。那便是理所當然的事，是故即不應思維正見到底是否能斷煩惱；亦不應抉擇甚麼正見能斷煩惱、甚麼正見不能斷煩惱；更不應考察「正見能斷煩惱」這一觀點。

所以瑜伽行派為法性理下一定義，那就是：「為不可思

議處」，即謂其不應落入可思議的識，用識法來對待。

法身功德的三分

《寶性論釋》有一首偈頌説 ——

　　佛法身周遍　　真如無差別
　　具佛性有情　　説有如來藏

這即是如來藏學説的成立，依三義而説，1、佛法身周遍；2、真如無差別；3、具佛性有情。這三義，皆據如來法身功德而説。

不敗尊者即依此三義，分別用相依理、法性理、作用理來解説。未用證成理，是因為覺得所説三義已離世間邏輯的範限。例如説「佛法身周遍」，即不能是現量，也不能是比量，因為這不是依識境中的覺知可以知悉的事。

然而這三種義既然説的都是如來法身功德，因此於説此三種之前，應一説法身功德在識境中的功能。這功能，甯瑪派施設為三分：現分、明分、覺分。

下面即一談此三分。

第一現分。

現分所據的理，是「由因生果」的作用理。

我們再整理一下關於如來藏的義理 —— 佛內自證智境名為法身，智境不成顯現，由是如來法身不能像識境中事物那樣，顯現成為個體。然則處於識境中的人，怎樣才能認知

「如來法身」呢？那就只能靠認識如來法身功德，從而認知法身。

在前面所說螢光屏的譬喻中，那就是：處身於螢光屏中的人，無法認知螢光屏，因為螢光屏對他們不成顯現，所以，他們應該先認識螢光屏的功能，然後才能認知螢光屏。

現在我們再依着這譬喻來說。

螢光屏的功能，就是令螢光屏能顯現出影像，但螢光屏中的影像，卻一定不知道他們自己能顯現出來只是靠這功能。

所以，我們就不認識如來法身功德。

由是佛家於說如來藏時，便須要依如來法身功德來說，一切不同時空的世間，都藉着如來法身功德然後才能成為「有」。「有」的意思，是存在或顯現。

這就是由因生果了。而且，這裏還有兩重因果。第一重，是以如來法身為因，生如來法身功德的果（譬如為以螢光屏為因，生螢光屏功能的果）；第二重是以如來法身功德為因，生世間果（譬如為以螢光屏功能為因，生螢光屏上影像果）。

現在我們所說的「現分」，便有如螢光屏功能中的一分、令影像能成顯現的一分。所以是以如來法身功德為因，生世間果的一分。

說名為「現分」，即表達其為能令世間顯現的功德。那即是法界中周遍存在的生機。因為有生機，世間才能成為顯現（或存在）。

第二明分。

佛家所說的「明」，意思是「了別」（辨別）。

了別不同分別。了別不含主觀因素，純粹是客觀認識。我們見一個人是張三，不是李四，那即是了別。分別則由主觀臆斷而成，張三是善人、李四是惡人。那便是分別、判斷。

人的心識可以作客觀了別，也可以作主觀分別。佛家只教學人「無分別」，從來不否定了別。因為一入分別，人就永遠被自己的主觀心識所困，永遠落入概念的牢籠，人就無法認識自己的心性，因為心性已經受到概念歪曲。況且一切概念都是人為，概念本身亦容易受到歪曲，因此人便須要離概念而思維，當盡離概念之時，心就澄明開朗了。

關於這點，很容易引起諍論。

人或辯言：不作分別，豈不是不分是非黑白？沒有對、也沒有錯。

這樣說是對佛家「無分別」的誤解。佛家認為，正因為永遠落在概念來分別，才會不辨對與錯，若心性絲毫不受概念的影響，立刻就可以「了別」對與錯。

筆者跟一位年青人對話，他認為西方的宗教先進，佛教落後，因為宗教有西方思想時便同時有民主思想；佛教則源自印度，印度將人分為四種姓，完全不民主。

這就是落入概念的分別了。他不管釋迦牟尼打破四種姓限制來收弟子的事實，認為印度四種姓落後，佛教就落後了。他也不管西方的民主在現代已經變質，解放黑奴的林肯所提倡的民主，已經不是今日的美國民主。林肯的民主是一種人文精神，今日的美國民主則已經淪為事相，而且多重標

準。

布殊可以向伊拉克開戰，誣詆伊拉克有生化武器、有大殺傷性武器，結果於佔領別人領土後一無所獲，可是卻依然要吊死人家的總統，慶祝民主勝利。

這難道是林肯的民主精神？！

再看歷史，鴉片戰爭是民主之所為？八國聯軍入侵北京又是民主之所為？西方思想隨着這些侵略戰爭傳入中國，導致五四時代對西方民主（德先生）與科學（賽先生）的盲目崇拜，揚棄中華民族的傳統文化而代之以西方文明，這又是否人受概念束縛而妄作的例子？

所以我們應該揚棄宗教的偏見，從「理」上來了別宗教學說，而不是根據一些概念，來對哲理加以分別。

人不作分別，自然就能了別，這就是明分。事物亦正因具足明分這如來法身功德，所以才能受了別。所以明分實在有主客兩面，能了別、所了別（被了別）。

明分的施設，依「依果立因」的相依理。

由人的能了別，以及事物之可被了別來成立明分，此中的了別其實是果（例如認出了張三，認知便即是了別果），但若作追究，則必然有一種因素具存，使我們能了別，以及事物能受我們所了別，於是由果立因，即可施設此因素為如來法身功德具有明分。故可說明分是因，了別是果。

第三覺分。

覺分依「本來如是」的法性理作建立。這也即是說，人本具有覺性，能覺知實相、能覺知如來法身與法身功德，只因

為受識境中種種假施設概念所障，由是才變成不覺，這不覺即稱為「迷」，也就是「無明」。

用螢光屏的譬喻來說，那就是影像世間中人，本來有認知螢光屏與螢光屏功能的本能，只因為執着影像世界中的施設，落入影像世界的概念，由是他才對螢光屏無所認知，只認知自己所住的世界。

這裏佛家又有一「瓶燈喻」，如來法身及法身功德如燈的焰與光，燈焰比喻法身，燈焰的光比喻法身功德，這燈安置在我們心中，本來任何人都可以認知，可是我們卻用一個概念的瓶來把這燈罩住，而且，還在瓶罩上塗抹污染，結果當然是對燈焰與光一無所覺。

正如此喻，所以佛家的道上觀修便名為「除障」，當能將罩着燈焰的瓶子除去時，人便能見燈焰與光明。

佛家說，初地菩薩已能見燈焰光明，但卻非能將整個瓶罩除去，只是把瓶罩鑽穿一個小孔，因此能見燈焰光明透露。以後一地一地漸修，至究竟時（佛地），瓶罩才完全除去，因此修道便有如除障。當障盡除時即便是覺，人當然有「覺」這功能。由是即可說如來法身功德有一「覺分」，能賦予人有覺性。

覺分的建立，也同時建立了平等性。因為凡是世間有情都有覺分，所以說一切有情平等；而且，佛具覺性，一切有情亦具覺性，所以佛與眾生平等。

由此可以為覺分立兩個定義——

第一，覺分有功能，令眾生能離「識覺」，得「智覺」。此中識覺，比喻為只見瓶子罩着的燈（是故實無所

見）、此中智覺，比喻為除去瓶罩得見燈焰與燈光（是故得見實相）。

第二，此所謂「覺」，即是盡除「迷亂心」所起的障（譬如瓶障）。此有二障，佛家說為「煩惱障」與「所知障」。

根據這兩個定義，得出一個很重要的義理。如《菩薩藏會‧如來不思議法品》所說 ——

　　是故如來如其空性覺一切法，不由空故覺法空性。

佛家證空與空性，實據一切法本來具有空性而證，並非先建立一個空，然後說一切法空性。這便是「覺」之所為了。

為甚麼一切法（事）本具空性？

因為我們對於世間的事物都憑概念、定義、原理來認知，因此只在世間中真實，一離開世間則一切都不真實，所以說一切法空性。此如螢光屏中的事物，在螢光屏世界中絕對真實，但對螢光屏外的人即不真實，這種有局限的真實性，螢光屏外的人即可稱之為空性（如數字的 0）。

「如其空性覺一切法」，即是說，因為一切法空性，是故即應如其空性而見一切法之所以成為「有」，這就是「覺」了。這可譬如為螢光屏外的觀點，是故即是離識覺；能這樣認知，不但離識覺，還離識境的障，這可譬喻為離開螢光屏世界的一切觀點，是即離迷亂心（喻如螢光屏中人的心）所起的障。

由此我們便知道覺分的功能為能令人起覺，是亦為如來法身功德。

　　如來法身功德的三分，即是密乘所說的身、語、意三密。

　　明分為了別，具體即是了別相狀、形色，所以說為身密；現分為氣息等，即是生機的表徵，所以說為語密；覺分為內光明的證悟，所以說為意密。

　　由是可知，密乘行人修身、語、意三密，即是觀修如來法身功德的三分。亦可以說，此有如螢光屏中人先求認知螢光屏的功能。禪宗修心亦同一意趣，因為這三分都是心的本性，當修心清淨時，就自能證悟三分，如破重關。

　　上來既明四理，又說三分，那就有了基礎，可以一說，如何根據《寶性論》的一首偈頌來成立如來藏。

佛法身周遍

　　偈頌第一句說：「佛法身周遍」。

　　由這句偈頌來成立如來藏，其實即是成立法身周遍智識雙運界。法身周遍智境沒有問題，因為智境本來即是法身，所以問題只在於如何證明法身亦同時周遍一切識境。用佛家的名相來說，即在於證明「一切情器世間具足如來法身」。倘若這一點能證實，則可以說，一切世間的一切眾生都具足法身而未顯露（這未顯露的法身稱為「佛種姓」）。

　　於此當注意到，眾生應用心識來於世間生活，心性發揮的功能是「識覺」，由識覺認知識境，倘如心性中有未顯露的如來法身，那麼，我們的心性便是「智識雙運」，由是便

可以成立如來藏。

　　現在，我們怎樣來證明眾生的心性中具足如來法身呢？
這只能用比量來說，因為如來法身不可思議，不顯現，不可
見，所以絕對不能用現量來直接認知。那即是說，我們只能證
明眾生的心性具足如來法身功德，當這一點能證明時，就由推
理可以證明眾生心性有法身具足。因為如來法身一定跟法身功
德永不相離，一如螢光屏一定跟它的功能永不相離，亦如任何
人或事物跟他的功能永不相離，所以心性具足如來法身功德，
便一定同時具足如來法身。

　　現在，看看我們的心。

　　唯識宗說心識的特性是「分別」。這一點無可諍論，人
在世間生活即是心識起分別的運作，大至建功立業，小至家常
日用，無不依靠心識的分別功能，若不然，愛國便成賣國、吃
糖變成吃鹽。

　　這分別，是由「心行相」在起作用。我們見到一件事
物，或者起一個念頭，必同時有心行相在心中顯現，所以我們
談到某甲，心頭就會有某甲的影子。當作分別時，即是我們對
心行相作決定，由此決定起種種反應。

　　但我們卻亦可以這樣認知：眾生心中的行相其實是如來
法身功德的明分，明分所起本來是了別相，那是客觀的，但由
於我們的心生起主觀分別，是故才將那客觀的了別遮掩，成為
分別相。

　　我們談識境隨緣自顯現時，引過龍樹《法界讚》的一首
頌——

若於真如顯現時　所行轉起淨金色
若於真如無現時　行而無果唯嘆息

這首頌亦可以用來說心行相，因為心行相的顯現亦是識境隨緣自顯現，所以當明分現前時，所行為清淨的了別（說為淨金色），但若落於名言顯現，了別即便變為分別，那便是「行而無果」的虛妄遍計。

所以了別與分別，只是法身功德的明分無染相與污染相。不受染時如來法身功德現前，受污染時如來法身功德因受障礙而不現前。所以修學佛道的人要「入無分別」，佛所證的智則稱為「無分別智」。

有一點須要特別提醒，即是聖者於入無分別後，雖以了別為心，但分別的功能卻亦未失。為甚麼是這樣，因為這才能說為智識雙運。因此得入無分別智的聖者，如初地以上菩薩，在世間生活時，心識依然有分別在運作，但於這分別顯現時，明分的了別則仍不失，所以才可以客觀地辨別是非，客觀地應付環境，由是稱為自在，自在的意思是既不受世間概念縛束，同時能應付世法。這即是生活在「智識雙運」境界中的從容。

這種生活態度，也可以說是「止觀雙運」的生活態度。學佛行人所修的即是「止」與「觀」。修止是持着無分別來修，僅為了別，這時所修主要為所緣境界的相；修觀是持着分別來修，所以是觀察，這時所修主要為所緣境的性，於止觀雙運境界，則是既能洞察事情的內在性，亦能了別事情的外表相，這樣做，就既知事情的本質，明白來龍去脈，又能不落成見，不受事端的外表所惑，由是應付事端才能正確與自在。

正因為是雙運，所以我們的心性才說為「空不空」，以如來藏為空不空故。說為空，是相對於污染垢障而言，心性為空，則可以離開這些垢障，一如天空之離開浮雲；說為不空，則因為不離如來法身功德。

能將心性建立為空不空，這心性便即是法性（法智性、法界性），於《寶性論》有一首偈頌說 ——

> 法性離客塵　以其為空故
> 而不離功德　以其不空故

這裏所說的「客塵」，即是心識的垢染，垢染不是心的主人，僅如過客，可與心性異離；所說的功德，則為心性本具的如來法身功德，與心性永不異離。

由是知成佛不是新成，而是本具。成佛只是本具如來法身的顯露，所以說一切有情都具有佛種姓、具有未顯露的法身。

這樣來成立如來藏，是「依果立因」的相依理，此中的因，是如來藏（如來法身與法身功德雙運境），此中的果，是如來法身功德的明分，現在由明分來證成如來藏，所以是依果立因。由是證成煩惱（分別）與覺是心識的雙運，所以說一切有情都具佛種姓。

真如無差別

偈頌第二句說：「真如無差別」。

這句偈頌是成立平等性。一談到平等性，許多人便會聯想到男女平等、貧富平等這些社會問題，其實這些都不是佛家

所說的平等性。因為社會問題完全是識境中事，跟佛家的究竟見如來藏無關。

　　佛家所說的平等性，是說一切眾生（有情）都是佛種姓，因此可以說「有情都有如來藏」，是故佛與眾生平等。甯瑪派特別強調這一點，所以說輪廻界與涅槃界無有分別。這說法，即是文殊師利的不二法門。

　　許多佛經都說：一切法本初清淨、本初光明、本初涅槃、本初正等正覺。這些說法，同樣是說不二法門。本初清淨，然而因為識境中有迷亂客塵，所以因垢障而成迷亂，但於此時際，本初清淨依然不失，所以識境中的迷亂眾生就與佛平等。其差別，便只是這本初清淨顯露與不顯露而已。

　　本初清淨如是，本初光明等亦如是，那是因為迷亂眾生實住於智識雙運界，識境雖然迷亂，可是跟智境卻從無異離，由是眾生即不失其本初清淨、本初光明、本初涅槃、本初正等正覺。

　　於此中，本初正等正覺即為「本覺」，這就是如來法身功德中的「覺分」。

　　佛由於覺，是故覺知（見）一切法相的實相，是名為「如」（如其實而見的相），強調這「如」為真，是故又名為「真如」，故說佛證真如，佛見真如。眾生以迷亂故，所見僅為識境相，而非智識雙運的真如相。

　　這在我們的譬喻中，佛是離開螢光屏來看螢光屏的影像，那可以說，見的是「螢光屏與影像雙運相」（是即真如）；眾生則住在螢光屏中，用螢光屏中的概念來見螢光屏中的世界，那可以說，所見唯「影像相」（識境相）。其差

別僅此而已。

所以，輪迴界一切眾生，都具足本初正等正覺（或言「具足本覺」），是真實語，不是假施設名言。

或者有人提出疑問：螢光屏中的世界不單只眾生，也有土石，土石不離螢光屏一如眾生，那麼，它們是否也有覺分，也有本覺呢？

這個問題不難解答，前面談覺分時已經下過兩個定義：覺分能令眾生離識覺；覺的意思是盡除迷亂心的障，由此知道，覺與心識有關，是故土石無心識就不能說具有覺分。由是對佛與眾生「真如無差別」之說，不應由土石而生疑。

亦有人提出疑問：佛見的真如相到底是甚麼樣的相狀？跟我們見的相一樣，還是不一樣？

可以這樣回答：已經說真如相即「智識雙運」相，所以佛當然亦見到六趣有情的現相（顯現相），一如離開螢光屏，見到影像，試問這影像相（實相）跟螢光屏中人所見的「現相」有何不同？

佛於成佛時證自然智（無人成立，亦非施設的智），同時證後得智，這後得智即是見一切世間、見一切識境的智，在螢光屏的譬喻中，即是離開螢光屏而見影像的智。既然如此，跟我們所見當然相同。如若不然，釋迦牟尼當日在我們這世間就無法生活。

那麼，我們所見若為不淨，佛之所見亦是否不淨呢？

不能說為不淨，真如相是非淨非不淨，因為是住在智境而同時見一切法的現相，現相雖然不淨，由智而見則非不淨。

所以我們已説是智識雙運。

唯識宗有真相派與假相派的分別，他們諍論，佛見世間是見為立體，抑或見為平面？真相派主張所見依然是立體相、假相派則主張見為「寬廣」（即是平面）。這個諍論，是因為他們完全站在識境來討論，若知如來藏是智識雙運境，便知道這諍論毫無意義。他們也不想一想，若佛之所見不同凡夫之見，他怎能走路去乞食，又怎能「洗足敷座而坐」然後説法，他簡直連鉢盂都不能舉起。

因此説「真如無差別」，完全不牽涉到所見形狀的問題。覺分的建立，同時成立真如無差別，但具有覺分不同現證覺分，現證覺者現見真如相，具有覺分者則只具有見真如相的本質，所以前者所見稱為「實相」、後者所見稱為「現相」。我們只能這樣説：證覺者所見的現相與實相相融（無衝突），迷亂者所見的現相與實相不相融（衝突）。這就既可説為「真如無差別」，亦可説明佛與眾生之所見不同。

用我們的譬喻來説，即可説為：螢光屏中人之所見與屏外人所見形狀相同，但其自性建立則不同，一建立為實體、一建立為影像。那即是不覺與覺的分別，然而彼此皆具足如來法身功德的覺分。

由覺分成立如來藏，依據的是法性理，本來如是，無可諍論。若否定覺分，則唯有説眾生成佛要重新生起一個覺性，若如此，則成佛便是新得。若成佛是新得，則佛與眾生便不能平等，此違佛説，故不應理。

所以説由法性理來成立一切有情都有如來藏，一切有情為佛種姓，是事勢必然的成立，即所謂理所當然。

具佛性有情

偈頌第三句說：「具佛性有情」。

這句偈頌，建立一切有情為「具佛性」的有情，即是說，一切有情都具有堪能成佛的功能。這樣，一切有情便都是「佛種姓」，不單只人能成佛（成為覺者），即使地獄眾生與餓鬼，以至微蟲隻蟻，都堪能成佛。

由是即等如成立了如來藏。前面已經提到過，佛種姓是於有情心識中成立未顯露的法身，如來藏則周遍而說法身，所以二者可說為同義。有情都是佛種姓，即等於成立有情都有如來藏。

現在成立「具佛性有情」，是依「由因生果」作用理而說，說的是「現分」，此又名為大悲、大樂。

說為大悲，那是讚嘆如來法身的功德（喻為螢光屏的功能），將這功德說為如來的大悲心，因為有這大悲心，一切有情才能在他們的世界顯現，成為生命形態。

說為大樂，那是站在一切有情的立場來說，有情能成為生命形態，在世間生存。這種成立生命以至堪能生存的功能，便可以說之為大樂 —— 說為大樂而不僅僅說之為樂，那是為了在定義上作區別，因為佛家說樂，通常說為「離苦得樂」，現在成立生命並未離苦，因此即名之為大樂，以免與離苦得樂的樂混淆。

由大悲與大樂的涵義，我們便可以理解，如來法身功德

中的現分，即是周遍法界的生機與有情各各所得的生命力。

在《解深密經》中，談到一個「阿陀那」，它便即是這個現分。

經說阿陀那有兩個功能——

第一，它有執持力，執持有情的根官（如眼、耳等）不壞、執持有情的身體不壞。這種所謂執持力，顯然即是生命力。

第二，在《解深密經》中有一首偈頌說——

> 阿陀那識甚深細　一切種子如瀑流
> 我於凡愚不開演　恐彼分別執為我

這即是說，阿陀那有「相續」的能力。瀑流看來似乎不斷，但其實這「不斷」只是一陣一陣瀑流的相續，我們的身體其實也一樣，身體是新陳代謝的相續，所以我們的身體其實是剎那剎那地變異，在短時間，我們認識不到自己的變異，時間長了，就說人長大了、人老大了。不只身體，其實心識也是相續，這情形我們容易理解，那就是心念的前後相繼，由一個念頭，轉為另一個念頭，念念相續不斷。人具有身心相續而生存的能力，那就是法界賦予我們的生機。

釋迦恐怕人會將自己所具的生機或生命力執為「自我」，因此不想細說（開演），只在經中一提。只是他用的是「阿陀那」之名，實際上與「現分」是同義詞。

成立「具佛性有情」，是由因生果，這是以現分為因。現分既為生機，一切有情都藉此生機而生起，是故即可用現分為因。同時，現分是如來法身功德，那便是以如來法身功

德為因，有情為果。如來法身功德當然即是佛性（螢光屏功能當然即是螢光屏性），由是即可說一切有情都具有佛性（螢光屏上的一切影像，都具有螢光屏性）。

這樣來成立「具佛性有情」，十分直接，只是簡單的因果關係。

現在我們且掉轉筆鋒，談談那個阿陀那，因為漢傳佛教對它有很不同的見地。

依照唐玄奘法師以前的漢傳佛學傳統，佛家將阿陀那歸入第七末那識。末那識的功能，主要來說只有一個，那就是執持「自我」。於成立自我的同時，就成立了「我所」，我所見、我所聞等等。佛家將此稱為「我與我所」。由此又施設一個名言，叫做「能所」，例如自我是能見、事物是所見之類。

因此，佛家說，第七末那識恆常跟四種煩惱相應：我癡、我見、我慢、我愛。這即是末那識表現出來的功能。現在，阿陀那識既然執持我們的身體以及如瀑流的種子，那麼，就可以當成是執持自我，執持四煩惱。

這樣解釋，唐玄奘不滿意，因為這恰如佛之所說「**恐彼分別執為我**」，佛怕我們有這樣的執持，我們這樣理解，便正正是佛之所不欲。所以唐玄奘將阿陀那歸為第八識。

說阿陀那等同第八阿賴耶識，也有他的根據，因為阿陀那顯然具有種子，否則便不能說為「**一切種子如瀑流**」，人的第八阿賴耶識是其餘七識（末那識及眼耳鼻舌身意等六識）熏習諸法種子的場所，同時藏有萬法種子，因此玄奘便根據自宗的見地，說阿陀那為第八阿賴耶識。他的學說，實較前人為超

勝。

但若真正理解阿陀那時，最好是不把它當成是心識，若把它理解為「現分」時，這便是法界賜給一切事物的「能成顯現」的功能，這就能離心識，便亦同時不會給人把它當成是自我。甯瑪派將阿陀那施設為現分，也許就是這個緣故。

質疑者或會諍論：不錯，人具足現分，所以能顯現而成為人，但隨着人年紀增長，這現分會不會虛耗掉呢？

這一問，是預設一個陷阱。

如果我們說不會，他們就可以駁斥説，人老生命力就衰退，這是我們常見的現象，你怎能説現分恆常不變。

如果我們說會，他們就可以説：這樣説來，如來法身也會隨着我們衰老而衰老，這樣的話，説一切有情是佛種姓，便也要分別為少年的佛種姓、老年的佛種姓了。

這樣的駁論，是有意否定如來藏的常、樂、我、淨四種德性。如來藏具此四德，是因為如來藏為「無為法」，即是盡離緣起的法，如今卻藉着生機這個題目，硬把它拉入不離因果的緣起法，即是「有為法」的範圍來討論，那是討論主題的混亂，疑問本來就不可成立。所以如果要反駁實亦不難，人的生命力衰退，是識境中事，現在説如來藏具有現分，則是智識雙運境界中事，不同境界的事不應拿來互相較量。正如我們雖於識境中建立佛為「丈八金身」，那實在只是用識境的語言來讚嘆佛，並不是真的離緣起來見如來，若真能離識境，則既無「丈八」，亦無「金身」。所以，不可以將我們用識境語言説為「生機」的法，用來思議離識的如來法身

功德。

　　這真是末法時代的諍論，因為這諍論並非假設，而是筆者碰到的質疑。質疑的人學佛二三十年，可是卻堅持依其一偏之學來否定如來藏。當年引導他學佛的人，實在是引導他入盲境。

小結法身三分功德

　　上來依覺分、明分、現分來成立如來藏，可以再作闡釋來歸結——

　　第一、依作用理。由因生果，然而因果無二。所以因位種姓與果位法身，二者本體無有差別。

　　此中又須知道，所謂因果無二，並非像其他印度哲學流派那樣，說因中有果，我們說因果無二，只如說「種瓜得瓜、種豆得豆」。

　　這裏有很大的差別，他們說因中有果，是成立造物主。造物主為因，一切眾生是果，因為因中有果，所以造物主便能含容一切眾生，由是造物主即能以自身來造作有情。

　　「種瓜得瓜、種豆得豆」則完全不同理念，說的只是理所當然的自然現象。

　　所以依作用理，由「具佛性有情」，即可成立如來藏。這是以「具佛性有情」為因，成立如來藏果。

　　不過，當成立「具佛性有情」時，則以如來法身功德的現分為因，以「具佛性有情」為果。

第二，依法性理，成立於法界中佛與有情、輪廻界與涅槃界平等。

何以平等，因為「真如無差別」。無論見與不見，真如相實具存於法界，只是迷亂眾生不見真如、證覺的聖者所見則為真如，所以其分別在於見者不同，而不是真如相不同。

所以依覺分而言，佛與眾生同樣具有覺分，這覺分亦無差別。如今有差別，只是因為眾生有分別心，由是覺分才會受障礙而不發揮其功能，是為迷亂心，迷亂心中，本具的明分受到歪曲，眾生依概念作分別，佛則遠離分別，由明分而了別真如相，是即為覺分顯露。

由於平等，是故可以理所當然地說：一切眾生其實都具足如來法身，是即可以成立如來藏。

第三，依相依理，依果立因，成立「佛法身周遍」。這是以一切有情心性的能了別為果，成立法身因。

能了別說為如來法身功德的明分，因為有明分，才能於識境中有能了別的心，與所了別的境，這亦即是佛智。

眾生將了別歪曲成為分別，那是將客觀的見（《入楞伽》說為「唯心所自見」），由名言、概念歪曲而成分別，那就變成「一切唯心造」與「唯識無境」，如是即成主觀的分別，這歪曲，是眾生的迷亂，不是明分的變質。因此即使落入分別、虛妄遍計，如來法身功德依然於一切眾生心性中具在而無變易（智境無變易）。由這功德果，即可比度而知有法身為因而具在。

　　上來三分的成立，可以將如來法身分配法報化三身：覺分（真如無差別）為法身的法身；現分（具佛性有情）為法身的報身；明分（佛法身周遍）為法身的化身。

　　三分亦可以配合學人所修的三密；覺分為意密（法身的法身）；現分為語密（法身的報身）；明分為身密（法身的化身）。

　　此中施設「法身的法身」、「法身的報身」等，是因為成佛須現證三身無分別，所以便依法、報、化三身，各自建立三身，由是三身便各具三身，成為九個觀修境界。由於無論修哪一個身都有三身，所以便容易修證三身無分別。

　　於成立如來藏，由於是於眾生心識中成立法身，所以如來功德的三分，便分配為法身的法、報、化三身。

　　這樣成立如來法身功德，說為如來的密意，為「瑜伽行中觀」的不共教法，與禪宗的教法相通，禪宗的明心見性，所見亦無非是「具佛性有情」的現分、「佛法身周遍」的明分、「真如無差別」的覺分。

　　例如，禪宗有一則公案，應該即與「明分」有關，公案說——

　　有比丘問禪師：古鏡未磨以前如何？

　　禪師答道：古鏡未磨以前，照天照地，一片通明。

　　比丘又問：古鏡打磨以後又如何？

　　禪師答道：一片漆黑。

　　在這公案中，「打磨」即是整治，即是依着識境的名言顯現來造作。所以古鏡未打磨前，還只是受垢障的本初心，明

分具存，法身周遍，所以説為「照天照地」，一經整治，便徹底歪曲了明分，成為執持分別，於是便「一片漆黑」。

對公案本不應作解，這裏姑且一試，目的只是説明漢藏所傳教法，一脈相承，可作了別而不可分別。並以此公案了結如來法身功德的説明。

四　如來藏與緣起

説緣起義

緣起思想是佛家的重要思想，所以釋迦牟尼聲稱：「我説緣起！」由是否定一切外道背離緣起的思辨。

釋迦也説：「我説中道！」因此後來佛家諸宗派無不成立自宗的「中」，雖然所成立各有差別，但無人敢違反中道原則。

由此可知緣起與中道一定是互相聯繫的，若互相矛盾，那麼釋迦就只能説其一，不可能更説其二。所以龍樹論師發展中道思想，成為後來中觀宗的祖師，便根據緣起來成立「中」，寫成著名的《中論》。

現在我們先説緣起。

釋迦在《入楞伽經》第二品中，答大慧菩薩問「一切法因緣相」，答道 ——

　　此有兩種緣起，一切法以此而成存在。謂內與外。

大慧，外者，謂由泥團、木桿、陶輪、繩線、水及
人工等諸緣和合以成瓶。

即如此瓶由泥團造、片布由線、草蓆由香草、種芽
由種子、乳酪由人工搖酸乳，故即如是，大慧，屬
於外緣之一切法，一一相續成就。

至於內緣，大慧，此如無明、愛、行等，構成我等
緣起法，由此而生，大慧，即有蘊處界顯現。此等
成別別，唯由凡愚分別而成別別。

　　這段經文所說的外緣起，即是「因緣所生」，「因緣和
合」。凡識境中具體事物，都可以說是因緣和合而成。

　　經文所說的內緣起，則說眾生的生滅、輪廻等現象，即
是十二因緣，無明、行、識、名色等等。由此亦可以由因緣生
起五蘊、十二處、十八界。

　　五蘊是人的物質與精神。色即是物質，如皮肉、血等；
受（對事物的觀感）、想（由觀感而起思辨）、行（由思辨而
起反應）、識（對事物作分別）。這樣就構成五蘊。

　　十二處分內外。外是色、聲、香、味、觸、法；內是
眼、耳、鼻、舌、身、意。內六處分別攀緣外六處，成為人與
外境的關係。

　　在十二處，未有提到識，其實由內六處還應該成立起分
別作用的眼識、耳識、鼻識、舌識、身識、意識。如果將這六
識成立為界，十二處亦成立為界，那就共有十八界，即是外的
色界、聲界等；內的眼界、耳界等；以及識的眼識界、耳識界
等。須要注意的是，在外六處有一個「法」，因此十八界也就
成立了法界。

　　十八界中，唯此法界不可說為識境，因為法身、法智，便即是法界，說為身智界三無分別。所以當說內緣起時若連法界都說及，難免令人生疑，因為它是無為法，應該超越因緣。

　　對這疑問有兩種解釋。

　　第一種解釋是：緣起應該包括有為法與無為法。世間一切事物是有為法，即是依因緣而成立的法，所以即是佛說的外緣起；至於內緣起，則應該由相對來理解。空與有相對、佛與眾生相對，因此，法界亦相對於眾生界而成立，一如「有」相對於「空」而成立，這樣，由緣起的相對性，不但可以成立有為法，同時還能成立無為法（有為無為也是相對）。

　　這解釋強調緣起的相對性，深入到緣起的本質，正確地表出了「緣生性空」的涵義。一般人對「緣生性空」的理解是：一切法因為緣生，所以性空，那便只說到空邊，同時亦不能說到無為法。

　　第二種解釋則根據如來藏學說，法界雖然是超越緣起的無為法，可是法界上卻有識境隨緣自顯現，這識境既然是「隨緣」，當然就落入緣起的範疇。與「意」相應的「法」，即是落入緣起的事物，當成立與「意界」相應的「法界」時，亦只能將這法界說為智識雙運界，不能說之為佛內自證智境，因此，「法界」便當然可以說是由因緣而成顯現。

　　這個疑問之所疑，其實還不是重要的問題，重要的是釋迦的一句話：「此有兩種緣起，一切法以此而成存在」。必

須這樣說，才能說為「緣生」，緣生即是隨因緣而生（所以又可說為「緣起」）。

因此若正確理解緣起，便必須用相對的觀點；一切法依因緣而成為有（存在或顯現），然而一切法卻亦因為依因緣而無自性，若施設名言，無自性便即是「空性」。所以當我們成立空性的同時，其實也就是相對地成立緣起，反過來，當我們成立緣起時，也即是相對地同時成立空性。

必須這樣理解緣起，才能說是「緣生性空」。「緣生」與「性空」本來雙運，但卻可藉相對而成立。這就正是龍樹之所說。

龍樹在《七十空性論》第3頌說——

　　一切法自性　　於因或於緣
　　若總若各別　　無故說為空

這是由「緣生」來成立「性空」之義。在《中論》則有偈頌說——

　　以有空義故　　一切法得成
　　若無空義者　　一切法不成

那就是依「性空」之義來成立「緣生」。一切法唯由緣生才能成為有，緣生即是「空義」。

將這兩個偈頌結合來讀，「緣生性空」的義理即昭然若揭。亦必須由「緣生性空」的正見，我們才能明白甚麼是「緣起」。

我們可以這樣總結——

一切法皆依因緣而生起，由是而成為有。但卻是無自性

有。

不過這樣總結，只是在理論層次的總結，一入觀修境界，這總結便有所不足了。因此，只能說是「緣起」的外義。

下來即說內義，先由「取空」開始。

「惡取空」與「善取空」

學佛的人都想證空，還有些人以為學佛便只是學那個空，因此往往墮入「惡取空」。釋迦當日便曾對迦葉說，寧願見到人執着自我，大如須彌山，也不願見到「方廣道人」偏執於空，那便會對所知境起迷惑，從而曲解所知境，墮入虛無，是則不可救藥。

因此，學佛其實要學如何「善取空」。

彌勒菩薩的《瑜伽師地論》根據佛說，對「惡取空」與「善取空」有很詳盡的說明，現在即據此而說，當明白善取與惡取時，也就能同時明白緣起的內義。

為此，當先明白一切法的實相為「有非有」。這可以聯繫我們螢光屏的譬喻來說，若螢光屏中人的心識能離開螢光屏而見，所見影像即便是「有非有」，影像的顯現宛然具在，是即為有，但既然是影像便無實體，是即非有。（彌勒瑜伽行派不說無自性為空，說無本體為空，故可由無實體成立非有。）

然而在佛家理論上又如何成立這「有非有」呢？

《瑜伽師地論》說——

先應知「諸法名言自性」及「諸法離言自性」。

這又須要稍作解釋。

一切法被世間認為有自性，實際上只是根據「言說」來建立。這名為水、這名為火，由是即依名言，認為水有水性、火有火性。當這樣建立「名言自性」時，便同時也就建立了「分別」。（這也即是螢光屏喻的屏中人，見屏中世間的觀點。）

這樣的建立，在智者看來只是假建立（屏外人所見，屏中人的建立為假），所以「名言自性」只能說為「假說自性」。在我們的世間，恰恰就是這樣，由「假說自性」來建立現實。然而，我們卻不應該否定這個建立，因為世間就是這樣建立起來，對此世間中的人來說，他們憑藉着「名言自性」、「假說自性」就可以生活，可以開展人文精神，也可以開展科學發明，還可以建立人倫與法制。所以由此而成立的世間是「有」，不能因為這世間的一切法依因緣而存在，就粗率地說之為「非有」。

但與此同時（必須同時），我們還應該理解，若離開名言，「名言自性」就不能成立（此如螢光屏外的人探討屏中的世間），因此一切法的「名言自性」是即為「假法所依」的自性，由假，即可說為「非有」。這樣，就建立了「離言自性」。

同一個世間，由「名言自性」建立為有，同時由「離言自性」建立為非有，這「有非有」，其實即是「智識雙運」的建立，亦即如來藏的建立。

若由緣起來說，一切無自性的法由緣生而成顯現，由顯

現而被施設名言，所以「名言自性」實在亦是依因緣而建立，只是於超越這因緣來觀察一切法時，才能洞悉一切法的「離言自性」，於是說為空性。

當理解「諸法名言自性」與「諸法離言自性」之後，就可以說「惡取空」與「善取空」了。

《瑜伽師地論》說「惡取空」，其說如下（但文義過深，須要解釋）——

> 云何名惡取空？
>
> 謂有沙門或婆羅門，「由彼故空」亦不信受、「於此而空」，亦不信受，如是名為惡取空者。
>
> 何以故？由彼故空，彼實是無；於此而空，此實是有。由此道理可說為空，若說一切都無所有，何處、何者、何故名為空。亦不應言由此、於此即說為空。是故名為惡取空者。

此段論文用「彼」、「此」來說空與有，因此較難理解。若我們將「彼」定義為「名言自性」，將「此」定義為「離言自性」，那就易理解了。論義即是——

由「名言自性」故說為空（由彼故空），故「名言自性」實是無；於「離言自性」中而空一切法（於此而空），「離言自性」實是有。

不應該說，「離言自性」可於「離言自性」中說之為空。

那即是說，我們根據離言自性才能夠說名言自性為空

（於離言自性而空），所空者應該僅僅是名言自性，不應更說離言自性亦為空，若連離言自性也空掉，那便是惡取空。

那麼，甚麼是「善取空」呢？

《瑜伽師地論》説——

> 云何復名善取空？
>
> 謂由於此，彼無所有，即由彼故，正觀為空。復由於此，餘實是有。即由餘故，如實知有，如是知有，如是名為悟入空性，如實無倒。

這即是説，由「離言自性」成立「名言自性」無所有，那便只能正觀「名言自性」為空。又由「離言自性」成立「餘實是有」（名言自性之外的成立是有）。由「餘實是有」而「如實知有」，這才是「善取空」。

論文更説，「善取空」是「不於實無起增益執」（例如不將名言自性增益而成為有），「不於實有起損減執」（例如不將名言自性之外的法，損減而成為無）。當能離增益與損減時，不但善成立空，亦同時善成立了有，依「勝義自性」而有。

這即是對一切法成立「有非有」。當成立時，也即現證了勝義自性（究竟真實的自性）。

這種説法便即是緣起的內義。

緣起內義

由上來所説，學佛的人在觀修時，便須離增益與損減而

修，實際的做法是：成立第一重緣起而成立「有」時，不能立即說這「緣起有」為「空」，只能於超越這重緣起，成立第二重緣起而成立有時，才能說第一重「緣起有」為空。

因此，事物的空有（有非有）實同時而成立。即是：知第二重「緣起有」如實為有，同時已善取第一重「緣起有」如實而空。

如果一成立第一重緣起有，便同時說之為空，那便是損減；當已成立第二重緣起有時，如果還將第一重緣起有仍視為有，那便是增益。

為了觀修次第的需要，甯瑪派將緣起建立為四重，這在前面已經提過，即是：業因緣起、相依緣起、相對緣起、相礙緣起。

現在假如我們已成立了「業因有」（成立了由因緣和合而有，否定了凡夫所執的名言有），然後用相依緣起來超越它（如唯識家說「唯識變現」），那麼，就可以用「業因」及「相依」兩個詞來代替《瑜伽師地論》所說的「彼」、「此」，由是再看「惡取空」、「善取空」、「餘實是有」的涵義。

先看「惡取空」。

惡取空者不理解「有非有」，只認為凡「緣生」必是「性空」。即使對他們說相依緣起（外境依心識而變現），他們仍然不肯承認「由業因故，業因有空」、「於相依緣起中業因有空」，還是堅執「緣起故空」，那便連由相依緣起成立的「相依有」亦空掉。如是即一切都無所有。

在這裏應補充一點：當住於相依緣起中作觀察時，已認知「業因有」僅是名言自性，於此同時，「相依」便已離「業因」的名言範限，所以可將「相依有」看成是離言自性。我們充其量只能說它離言未究竟，卻不能否定它已離「業因有」這名言。

再看「善取空」。

由於相依緣起，知「業因有」無所有，所以即由相依緣起可以正觀「業因有」為空，同時由相依緣起，知業因有之外的其餘實為有，即以其為業因有之餘外故，如實知有。

這即是說，在相依緣起中，只能說外境依心識變現而成為有，這已經離「業因」的名言，超越了「業因有」。

更說「餘實是有」。

對「正觀空」對象之外的「餘」，還應該再詳細一點來說。

世親論師在《三自性判定》中，有一頌說 ——

　　遍計唯名言　　餘外假施設
　　名言若遍斷　　亦許為餘外

這偈頌即詳說《瑜伽師地論》的「餘」。

學人於觀修時，決定「遍計唯名言」，那就已經決定了「遍計自性相」無自性，無自性即是空性，即此已足，一超越這個範限，即是「遍計唯名言」的餘外。

唯識學人的觀修次第是：一、悟入唯識；二、現證唯識

無境；三、知唯識亦無；四、悟入無二取。現在的「遍計唯名言」決定，只是「悟入唯識」而已，所以只能說「遍計自性相」為空，於此之外，雖然知道它是「假施設」（如施設「識」），但這時不能同時否定。倘若連心識都說之為無所有，那麼，便不能再觀修「現證唯識無境」。所以，這時只能承認外境依於心識而成為有（相依有），心識亦實有。

這相依有當然亦可以超越，但這已經是更上觀修次第的事。例如說種子與現行的因緣，其實已入因果相對的相對緣起，心識起用是因，成外境相是果，心識由相對有而成現行，是為外境的相對有，這才可以說「相依有」空。唯識家將「相依有」與「相對有」都名之為「依他自性相」，由是相依有、相對有之義即不顯。

這時，「遍計」的名言已經「遍斷」，即是已斷由名言來成立有，另外成立假施設的種子等來成立有，此假施設便亦可以認為是「遍計名言」的餘外，由此才能現證唯識無境。那便即是雖知「餘外」為假施設，亦應於觀修時決定其為有。

這樣才是老老實實的觀修，若不肯一步一步地走，一說緣生立刻全都決定為空，那就陷入斷滅空，失壞了辯證的空義，「**若無空義者，一切法不成**」。

依次第緣起觀修，那是次第成立識境的隨緣自顯現，所以如來藏學說並未違反緣起。

若無緣起，便無識境自顯現，這樣就不能成立智識雙運界，於是如來藏亦不成。所以能知緣起的內義，才能知如來藏必須由重重緣起來現證。

五　四重緣起 —— 如來藏的現證

空性與緣起

有外道向釋尊問法，他將自己的修學一一告訴釋尊，釋尊都一一否定，這外道不服，於是問釋尊：「你自己到底說些甚麼法？」釋尊答得很輕鬆：「我唯說緣起。」

由此可見，緣起（pratītyasamutpāda）是佛家的基本思想。

在《阿含》系列經典中，也確實見到許多說十二緣起的經典。有些經典，它的內容並且是釋尊教弟子如何修習十二緣起，難怪有些學者認為，十二緣起是小乘佛教的基本教法，比重不輕於說四聖諦。

可是在大乘經典中，說十二緣起的比重則輕了許多，比重較大的教法是空性，那麼，是不是釋尊這時已不再「我唯說緣起」呢？絕對不是，因為說緣起即是說空性，說空性即是說緣起，只是大乘經典不「唯說十二緣起」而已。

龍樹將釋迦二轉法輪的經典，整理成一個緣起的體系，由現觀緣起來說空性，這就成為他著名的論著，《中論》。這本論著，弘揚中道思想，但其實仍未脫離十二緣起的教法，只是龍樹建立了一個四重緣起的系統，重重緣起深入，入一重緣起，離一重緣起，由是而成立中道，所以十二緣起雖然是緣起的基本，在《中論》中，卻已不是緣起學說的全體。

然而，龍樹的學說卻亦不是自創，他說的四重緣起，全部可以在經典中找到依據。這些經典，也不完全是《般若》

系列的經典。

可是，四重緣起的學說在漢土卻久已晦暗，這很可能是因為青目論師（Piṅgala）的釋論（《中論釋》）傳入漢土之後，雖然有三論宗宗師吉藏造《中觀論疏》加以宣揚，但由於吉藏同時指摘青目釋論有「四失」，因此青目雖有說四重緣起，而漢土學人便疏於研究了。[1]

然而四重緣起的學說，在西藏卻未失傳，宗喀巴大士於釋《中論》時，即有三重緣起的釋義，即說為相連、相依與相對[2]。甯瑪派所傳，則是四重觀修，其中第四重相礙緣起，屬

---

[1] 有關吉藏指摘青目釋《中論》之「四失」，見大正 四十二，頁五。然而，吉藏卻於三論宗的「三種二諦」基礎上，建立「四重二諦」。其內容依其《二諦義》略說如下：第一重二諦，「有」為世諦、「無」為真諦，以之破凡夫執諸法為有；第二重二諦，「有、無」為世諦、「非有非無」為真諦，以之破「二乘人」（聲聞、緣覺）滯於空見；第三重二諦，「二（有、無）、不二（非有非無）」為世諦、「非二（非有非無）、非不二（非非有無）」為真諦，以之破「有所得菩薩」之執「有無」；第四重二諦，上來三重二諦為世諦，以無所得、「言妄慮絕」方是真諦。如是「四重二諦」，重重次第超越，以前前為後後之方便，故即使於第四重二諦，前三重二諦亦「不廢」，故謂「就三種二諦中論廢不廢，明無方便三即廢，有方便三即不廢。」
吉藏且舉《中論》、《維摩》、《華嚴》、《大智度論》等，說明各重二諦皆可於經論找到根據，並強調「二諦是教，不關理境」，唯有如此理解，始能由「教」而悟「理」、由世俗而證勝義。吉藏之「四重二諦」，實即「四重緣起」學說，因為是用「有」「無」等來立論。

[2] 宗喀巴《中論廣釋・正理海》（Rigs pa rgya mtsho）說緣起三性云 ——
此說為差別事緣起者，可解釋成有為法之緣起。彼復說為「相連」（phrad）、「相對」（ltos）、「相依」（rten）等三種異名。
所依之詞義，（義為）於一切所知之生起。生起有二種 ——
生者於非有為法為非有，然卻依彼（非有為法）而建立，是亦有「生」義。（如《中論》云：）「作者依業有，業復依作者，除此緣起外，未見能生因。」此謂依於業而生起作者，然業卻非作者之能生。彼理若用於他法，亦說為量、所量、所立、能立等彼此相互而生，然卻非彼此相互能生。《寶鬘論》亦云：「此有即此生，有短即有長。」此即如「短」非「長」之能生。
復次，謂依別別因緣而生起。除離繫果外，於實法須作，諸非彼之緣起者，乃依他法而生起，然於心觀待處，實非彼之因緣。若爾故云：「何故世間法，悉為因緣法，是故世間法，皆為空性法」。

於秘密教授，學習的人要發金剛誓句與菩薩戒，所以對於這重緣起，於漢譯中，只能在龍青巴尊者的《七寶藏論》中見到較直接的敍述，學過相礙緣起的人，一看就知道他是說這重緣起，未學過的人，則但知其所說。宗喀巴不說這一重觀修，也許亦跟這秘密教授的傳統有關。（為甚麼要秘密呢？下文將有說及。）

龍樹於《中論》外，還有一篇《七十空性論》。此論古代無漢譯，近世始由法尊譯師據藏譯譯出。這篇論，是龍樹的重要論著，論中實廣說四重緣起，以一重緣起超越一重緣起，及至說相礙後，更說離礙，然後說勝義世俗雙運成寂滅涅槃。由這論著，即能完全理解龍樹的中道思想，並非只泛說「緣生性空」那麼簡單。

「緣生性空」實在是一決定見，這決定見，不能光由邏輯推理來證成（這亦不是否定邏輯推理），實須由行人經抉擇、修證，然後才能現證這決定。《七十空性論》即循著觀修的脈絡，立一重緣起、破一重緣起，至究極則盡離緣起，那便分明是為修行人鋪路。行者循著他鋪的路來作抉擇，重重向上，那就要現證四重「緣生」、四重「性空」的境界，至於最後盡離緣起而修證，則是無學道上無間道行人的事。

所以甯瑪派所傳的四重緣起，跟《七十空性論》完全吻合。其所修證的「緣生性空」境界，亦不是由推論認知的「緣生性空」境界。

二者的分別，亦可一說。

由認知而說「緣生性空」，其實是「緣生是故性空」，

那就等如將「緣生」當成是因,「性空」則是緣生的果。這亦等於說:由於一切法「緣生」,是故一切法「性空」。

由修證而現證的「緣生性空」卻不是這樣,一切法空性、無相,那是抉擇(由釋迦教法,在資糧道上得來的決定,成為加行道上的抉擇),如何修證這個抉擇而能得現證決定見呢?依龍樹的教法,即是修證四重緣起。所以在修證上,「緣生」並不是「性空」的因,而是現證空性的手段(方便)。

所以在《七十空性論》第68頌,龍樹說 ——

> 以此一切法　皆是自性空
> 故佛說諸法　皆從因緣起

這論頌是法尊譯師所譯,譯得很縝密,比對藏文,可謂一絲不苟,它的意思亦於龍樹自造的釋論中說出 ——

> 以此一切法皆自性空,故佛說諸法皆是緣起。

這說法,就恰恰跟「緣生,是故性空」的理解相反了。龍樹分明是說,因為「性空」,佛才說「緣起」,所以「緣生性空」的涵義,是「說緣生以證性空」。此中說「緣生」是世俗,證「性空」是勝義。

如今漢土學人很受一種說法影響,這說法,以為「緣起故空,空故緣起」即是中道(或說為「世俗中無自性的緣起」與「勝義中緣起的性空」),其實這說法很有問題,因為在《七十空性論》以及藏傳緣起教法中,並不認為「緣起故空」,恰恰相反,是「緣起故〔世俗〕有」,即是說,行者須由緣起來建立「有境」以作觀修,然後超越這重緣起,那就即

是證成這重緣起的空性。[3]

　　所以如果一定要用一兩句話來說龍樹的中道，便應該這樣說：「緣生故有，超越而空」[4]。這才符合前說的「善取空」。

　　亦必須這樣理解，才能真正明白龍樹在《中論‧觀四諦品》一首著名偈頌的頌義。它說——

　　　　若不依俗諦　　不得第一義
　　　　不得第一義　　則不得涅槃[5]

---

[3]　龍樹《六十如理論》（*Yuktiṣaṣikā*）有頌云：
　　「於求真性者　初說一切有　通諸義無貪　然後說寂滅
　　不知寂滅義　但聞空性聲　不修福德業　損害彼劣夫
　　說諸業果有　眾生亦真實　了知彼體性　然後說無生」
　　宗喀巴《入中論善顯密意疏》（*dBu ma la 'jug pa'i rgya cher bshad pa dgongs pa rab gsal*）亦言：
　　　　於抉擇諸法無實中，若不善解何為實有及如何執有，則於真實義見，定有錯失。《入行論》云：『未知所觀事，必不取彼無。』此說心中若未善現起所破事之總相，則必不善緣取彼所破事之無。……
　　　　自續派之論典，於所破多未明說。惟《中觀明論》釋世俗有，可就其達品之有，知其何為勝義有或真實。如彼論云：『於無真實性事，增益達上行相之亂覺，名為世俗，此能障真或由此能蔽真實故。如經云：法生唯世俗，勝義無自性，於無性錯亂，說明真世俗。彼彼所生，由彼所顯現，所見一切虛偽之事，名唯世俗。……故由彼等意樂增上，安立一切虛偽性事，名唯世俗有。』
[4]　此亦如阿底峽尊者（Atīsa）於其《入二諦》（*Satyadvayāvatāra*）所言（依釋如石譯，收《菩提道燈抉微》（台北：法鼓文化，1997）頁247-256)：
　　「若捨正世俗　修習於空性
　　則彼於來世　將感業因果
　　……
　　世俗所顯現　理觀無所得
　　不得即勝義　亦法本住性
　　因緣所生故　世俗顯現成
　　倘若不能成　水月緣何生
　　故眾因緣生　一切現象成
　　諸緣若斷絕　俗中亦不生」
[5]　依鳩摩羅什譯，大正‧三十，no. 1564，頁33a。

　　由緣生而建立為有，即是世俗；超越「緣生有」而現證其性空，即是第一義。這樣才是實實在在的修證。倘若籠統而說「緣生是故性空」，那麼，「緣生」與「性空」便都同屬第一義諦（勝義諦）了，那又如何能說依世俗而證第一義，更如何能說離緣起而成佛呢？龍樹在《中論•觀涅槃品》中明明說 ——

　　　　受諸因緣故　輪轉生死中
　　　　不受諸因緣　是名為涅槃[6]

　　我們豈能說「緣生是故性空」即是「不受諸因緣」呢？這樣說時，分明還未能離開「緣生」。

　　所以若將「緣生性空」理解為「緣生是故性空」，實在是誤解了龍樹的教法，龍樹說 ——

　　　　汝今實不能　知空空因緣
　　　　及知於空義　是故自生惱[7]

　　此中所謂「空因緣」，青目釋為「以何因緣說空」，那就可謂已得龍樹的意旨，知道「因緣」只是說空的手段。而且，「以何因緣說空」這句話，即是「用哪一種因緣來說空性」，那就說明緣起法不只有一重，否則便不會說「用哪一種」了。

　　龍樹在《觀四諦品》中還有一首很著名的偈頌 ——

　　　　眾因緣生法　我說即是空
　　　　亦為是假名　亦是中道義[8]

6　同上，頁35b。
7　同上，頁32c。
8　同上，頁33b。

　　這就很顯明地說，由觀修「因緣生」之法，然後才能將此法說之為空。何以為空呢？因為「因緣生」即是假名而有。這就即是超越緣起有然後才能說空了。

　　龍樹在《七十空性論》結頌的釋論中說（依法尊譯，下同）——

　　　　若成就正信，勤求真實，於此都無所依之法，能以正理隨求隨欲者，則能遠離有性、無性而得寂滅。

　　「成就正信」，即是抉擇；「勤求真實」，即是觀修；由是而能對一切法生決定，這決定便即是「都無所依」，亦即既不依於緣起，亦不依於空性（遠離由執著緣起而執之「有」；亦遠離由執著空性而執之「無」）。

　　這就是龍樹教導我們，如何才能現證離邊的中道了。

　　宗喀巴大士對於緣起與性空的決定，有很精闢的論述。首先，甚麼是性空呢？宗大士《緣起理讚》中說（依多識活佛譯，下同）[9]——

　　如果認識與此相反　　認為性空就無作用
　　有作用者即非性空　　就會落入邪見深淵

　　此即決定，一切法自性空而有作用。此「自性空」與「有作用」並不矛盾。「如果認識與此相反」，「就會落入邪見深淵」。多識活佛解釋道——

---

[9]　此《緣起理讚》（*Sang rgyas bcom ldan 'das la zab mo rten cing 'grel bar 'byung ba gsung ba'i sgo nas bstod pa legs par bshad pa'i snying po*）除多識活佛的繙譯外，尚有郭和興的漢譯。英譯可參考 Geshe Wangyal, *The Door of Liberation* (Boston: Wisdom Publications, 1995)。

> 從辯證法來說（辯證法就是對立的存在），辯證法
> 存在的兩個面都是互相依賴、互相依存、互為存在
> 前提的關係。「有」和「空」的統一，就是佛教的
> 辯證法。

因此，宗大士說——

> 非緣起物猶如空花　故無無緣存在之物

又說——

> 因視一切依緣而有　故不陷入絕對有無

由此可知，必須成立「緣起有」，才可以與「自性空」
在辯證上統一。此所謂辯證，即是觀修時的觀察，並不只是哲
學上的推理。

宗大士接著說——

> 自性絕對不依作用　因緣相對作用形成

依多識活佛的解釋，中觀所破除的自性有一特殊定義，
即是「絕對」而且「不依作用」的自性。而因緣則表現為「相
對」而由「作用形成」，亦即「事物之間的相互作用形成的東
西才叫因緣」。

這就是由實際觀修而作出的觀察了。於觀修時，立足於
「相對、作用形成」的緣起有，由緣起有，才能破除一切法有
一個「絕對、不依作用」的自性。

所以宗喀巴大士在《佛法三根本要義》中才會這樣說（依
多識譯）——

> 以現象實有消除執實偏見

以自性空無消除虛無偏見

這觀修境界剛好跟如今流行的見解相反，他們以為，必須以自性空無才能消除實執、以現象實有才能消除虛無，這只是推理，不是觀修。於觀修中，唯有緣起有（現象實有）而無實有（如二取有），這是從有邊來觀察；唯有自性空而非緣起空，這是從無邊來觀察。因此，在世俗中，是「相對作用形成」的緣起有，而不是「無自性的緣起」，在勝義中，是「絕對不依作用」的自性空，而不是「緣起的性空」。

一般的見解，一置於觀修中即成混亂。於觀察世俗時，便已經說「無自性的緣起」了，請問，剛剛成立由緣起形成的事物境界以作觀察，又怎能立即說這成立事物的緣起，可以同時成立這緣起為無自性呢？下來於談唯識時，說到彌勒瑜伽行的四正加行，起初是「*知本無所有，即證知唯識*」的「有得加行」；然後才是「*由證唯識故，知無一切境*」的「無得加行」。一個「唯識無境」要由兩個加行法來現證，為甚麼呢？因為於「有得加行」中是由相來觀修，「無得加行」則由性觀修，相與性的觀修不可混亂，現在說「無自性的緣起」，則是在成立現象的同時混入自性的因素，故成混亂。

同理，於觀察勝義時，便已說「緣起的性空」，此際尚未在觀察中超越這重緣起，如何能立即說這重緣起為空性呢？那亦是性相混亂。

宗喀巴的觀修則不同。他「*以現象實有消除執實偏見*」，是由現象作觀察，於觀察中成立緣起有（現象實有），由是消除「二取有」與「名言有」的實執偏見（深一層次，則如由「相依有」消除「業因有」實執，是即由緣起

超越緣起）。如是即由相而作觀察，並未混入自性的因素來起觀。

他「以自性空無消除虛無偏見」，是由性作觀察，於觀察中，對一切法的自性，僅由否定其「絕對不依作用」而說之為空，並不否定它的相依性、相對性、相礙性。如是即由性而作觀察，並未混入相的因素來起觀。

所以，流行的見解是依名言而推論，宗大士則由現觀而決定，此間開闊，相差甚大。所以宗大士才會說 ——

　　　如此珍貴無比之法　　卻被學淺無知之輩
　　　搞得如像馬蘭花草　　交錯倒置亂無頭緒

所以，要瞭解龍樹的四重緣起，漢土學人恐怕先要打破「緣起故空，空故緣起」這個成見 —— 我已說之為「緣生故有，超越而空」。

四重緣起觀

1）總說

藏傳的四重緣起觀修，是業因緣起（格魯派稱之為相連緣起）；相依緣起；相對緣起；相礙緣起。

漢傳佛教其實亦有跟這四重緣起相應的傳授，那就是華嚴宗所說的四種緣起：即是業感緣起；阿賴耶緣起；真如緣起；法界緣起。然而華嚴宗所傳，跟藏傳有一根本的不同，那就是華嚴宗並未將四種緣起看成是一個完整的系統，具一貫性，只將之當成是四個教法不同的緣起見。

　　然而這個問題其實很值得研究。華嚴宗的説法，一定有一個來源，這個來源相信跟來漢土傳法的西域僧人有關，倘如能將這源頭找出，就可以明白四重緣起觀何以在漢土會變成四種緣起。若由此研究華嚴思想，一定會有新的發現，甚至可以研究出華嚴宗的他空見，如何由印度傳入（筆者懷疑，是由密乘阿闍梨所傳）。

　　為甚麼這樣説呢？因為筆者覺得華嚴宗很多説法，都跟甯瑪派的説法相似，然而卻又不盡相同，所以二者之間一定有相同的師承，而相同之中卻又有相異，這就恰如同一傳承的「續部」（見部）與「修部」的異同。

　　對於華嚴的四種緣起，近年有一位唯識今學派的老學者提出質疑，主要是針對真如緣起。明明真如是無為法，怎能成為有為法的緣起呢？這是依照民國初年唯識大師歐陽竟無教法而提出來的質疑。所以他斥之為邪説。

　　這位老居士實在言重了，如果他知道真如緣起其實跟相礙緣起的觀修相應，亦即瑜伽行觀修「法」（dharma）與「法性」（dharmatā）的不一不異，那麼，他就會知道這其實是彌勒的教法。彌勒認為輪廻法與涅槃法不一不異，法與法性不一不異，那為甚麼不可以説真如緣起呢？在《辨法法性論》中，彌勒就説「**法性能相謂真如**」，真如既然即是「法性能相」，何以不能成為一切「所相」的緣起？

　　筆者提出這件事，並非為了替華嚴宗辯護，亦不是故意挑剔，實在是藉這件事來説明一些問題——

　　第一、由於四重緣起的觀修在漢土已然變成晦暗，所以才會導致對華嚴宗説四種緣起的誤解。

第二、由於對華嚴宗緣起法的誤解，才會否定華嚴所主的如來藏思想。

第三、由於否定如來藏，才會不將如來藏當成是彌勒的教法。

上述三個問題，關係非淺，因為近世學者多循著這脈絡來評價漢土大乘佛教，結果華嚴、天台、淨土、律宗、密宗都受破壞（這些宗派果應受批判與否定嗎？），他們於破時或以龍樹的傳人自居，或以彌勒的傳人自居，結果恰恰令龍樹與彌勒的教法都受破壞。

正因為感覺到危機之所在，筆者才決定將四重緣起和盤托出，只不談具體的觀修。在學習時雖曾發誓句不對非根器的人說四重緣起觀修，但誓句中亦有對合根機的人不可不說這一戒規，因此只談四重緣起而不公開實際的觀修，應該亦不算違背誓句。但卻仍然希望學者能從「觀修」這基礎出發，來瞭解四重緣起，否則便很容易又認為這是邪說了。例如上來說「緣生故有」，若不由觀修的立場去體會，這句話就很難不受誤解。

2）業因緣起

修緣起證性空的第一個層次，是業因緣起的觀修。它的做法是，將一切有為法觀修為由業因而成立，亦即是成立「業因有」。由此觀察有，便可以否定了凡庸的「名言有」。

這也即是說，在觀修中用由業因緣起成立的有，來對治我們由名言概念執著而成立的有。這亦即是現證了「名言有」的無自性（「以現象實有消除執實偏見」）。

　　關於業因緣起，其實已經不必多講，因為凡學過緣起學說的人，都知道「因緣和合」是甚麼一回事。

　　須要注意的是，「由業因緣起而有」與「名言有的自性空」兩個現證，實在是同時完成的，並非先否定名言有，然後才證成因緣和合的業因有。若行者在心的行相中有這先後的分別，那就還不是現證，依然是推理、比度。

　　這個觀修，若依龍樹的說法，即是觀修生、滅。

　　世間的生滅現象宛然具在，因此我們的名言概念便是——當現象呈現時（生），便說之為「有」、當現象還滅時（滅），便說之為「無」。

　　但若依業因緣起來觀察，這生滅的有無其實還有深一重的意思。

　　為甚麼事物可以生起、可以呈現，那是因為「因緣和合」，亦即由於業因；為甚麼事物會亡滅，會消失，那亦是由於「因緣和合」。

　　例如人類須要氧氣而生存，所以空氣中含有氧氣，便是人類的生緣；人缺氧就會死，所以缺氧亦是一種緣，可以稱之為死緣（亦可以說為「生緣不足」）。

　　若由業因緣起來觀察名言，那麼，在修觀察時，我們就自然能現證一切「名言有」無非只是不實的概念（佛家稱之為「戲論」prapañca）。這時，行者依然見到生、滅現象，但生滅已非由名言而成立，而是由業因而成立。

　　所以龍樹在《七十空性論》的第1頌，即便斬釘截鐵地說道——

> 生住滅有無　　以及劣中勝
> 佛依世間說　　非是依真實

所謂「世間說」，便即是「名言」。佛說生滅、有無、劣中勝等，悉依名言而說，非依真實。這即是說名言不真實，是故名為戲論。

那麼，怎樣才是真實呢？

《七十空性論》第3頌說 ──

> 一切法自性　　於因或於緣
> 若總若各別　　無故說為空

這是說，一切法的自性，於因中為無、於緣中為無（別觀），於因緣和合（總觀）中亦為無，這就是真實了。這個「無自性」（無「絕對、不依作用」的自性），佛家說之為「空」。所以「空」亦即是一切法的真實自性。

這兩首頌，劈頭即由業因緣起來否定名言，它的否定，並未否定現象，只是否定現象有實自性，因此它其實亦不是否定「名言有」，只是否定「名言有具有實自性」，這就即是證成名言有的空性。

因此這層次的觀修，若說為「緣生性空」，就應該這樣解讀：修「業因有」緣生，證「名言有」性空。所以我們才說這觀修為「業因有，名言空」。

同時，這層次的觀修，所現證者其實亦至此為止，並未同時說「業因有」亦空（如第3頌所說，那是另一層次的現證，下來當更說）。所以如果說「因緣和合自然就無自性」，只能理解為「由於因緣和合，所以『名言有』就無自性」，

不足以理解為「因緣和合本身便已無自性」，因為「因緣和合」所無的只是名言的自性，而非「因緣和合」本身的自性。

這樣分別，有人或者會覺得太繁瑣，其實不是，這分別很重要，因為關係到實際修證的次第。修證次第不容混亂，一混亂，一切觀修皆無法現證。

所以我們可以總結這層次觀修的決定，是為：由「因緣和合」成立「業因有」，同時否定「名言有」。

這便即是由業因緣起來超越名言有。如是即便超越一切凡庸見。

我們再囉唆一點來說，這觀修，行者的對境是由「名言有」轉變為「業因有」，也即是說，能夠現證對境中一切法的「名言有」為無自性，是依靠將對境抉擇為「業因有」（因緣和合而成為有）。

修習密法的難處即在於此，儀軌中成立一位本尊與壇城，如何能觀修其離「名言有」而成「業因有」呢？這個問題，希望熱衷於修密法的人三思。

淨土宗的行人其實也一樣，「南無阿彌陀佛」，如何能將「阿彌陀佛」這個名言，提升至業因有的層次呢？

這樣一提出問題，讀者就應知道，籠統說「緣生性空」的過失。它的籠統，便令觀修模糊，亦由是容易造成對宗部教法的誤解（例如台灣有學者認為瑜伽行中觀理論膚淺，故佛教即滅亡於他們之手）。

在世間法的層次，如果知道「業因有」，那麼，在處事時就會懂得利用緣起來分析事件的因果關係，而不受世間的

「名言」左右。

近年世界的大事是美國金融危機。危機的引發，是由於「衍生工具」泡沫爆破。所謂「衍生工具」，即是銀行將客戶的存款當成自己的資產，通過層層機構的諸般運作，以原不屬於他的資產來發行債券，然後又以債券為資產，再發行債券，這就叫做「衍生」。

衍生出來的債券，完全是「名言有」。如果用業因緣起來分析，就可以否定它的成立。

甚麼是這些債券的「因」？客戶的存款。這些存款是客戶的資產，本不屬於銀行，銀行可以將之借貸給人，從中賺取存貸利息的差額，但卻不應該將客戶的存款當成自己的資產，用來發行重重疊疊，一環扣一環的債券。所以，這些債券的「生成因」本身就有問題。現在的衍生債券，就憑這不正當的「因」，加上聯邦儲備局的有意姑息，評級公司的「評級」，經濟理論的支持與鼓吹等因素作為「緣」，於是因緣和合而成立，成為「業因」有。由是，靠公司招牌成立的「名言有」就應該受否定。

在推銷這些債券時，推銷者的雄辯是：如果這些公司破產，全世界的銀行都會破產！於是客戶就在這「名言」鼓吹下來購買了。假如他們懂得分析因緣，建立其為「業因有」（而且是不正當的業因有），那麼就至少會懷疑其「名言有」的真實性。

將事情分析因緣，即是處理世間事務的必須手段，否則即易陷入「名言」概念的陷阱。

3）相依緣起

首先，我們須瞭解甚麼叫相依緣起。

龍樹在《七十空性論》中，用「父子」為例來說明。子依於父而生起，可是父亦其實依於子而成立。若人無子，則終身不得為父。所以說：「父子」由相依緣起而成為有，這即是「相依有」。

現在，我們由相依緣起來看「名言有」。

甚麼叫做「名言有」？人在心識中先有一個概念，然後用名言將這概念表達，這就成為「名言有」了。因為我們覺得概念真實，所以便認為「名言有」真實。

這情形，其實是相依緣起的關係，心識與對境相依而成立。亦即：心識依對境而起功能；對境依心識而成顯現（顯現為心識所分別、所認知的狀態）。

我們亦可以由相依緣起來看「業因有」。

甚麼叫做「業因有」？一切由名言概念表達的事物，無非都只是「因緣和合」而成，所以這一切法，是由「因緣」而成為有。

然而，這亦無非是相依。「因緣」與因緣所生果（法），實彼此相依而成立。由有果法才有「因緣」之名，便恰如由有子而後始有「父」名。因此，若將「業因有」的果法與成立它的因緣，放在相依緣起來觀察，那便依舊是由名言而成立，「父」與「子」相依而成立的是名言；因緣與果法相依而成立的亦無非是名言。

相依緣起，大致上說的就是這些。

在《七十空性論》中，第3頌之所說，即是由相依而證成「一切法自性」為「無」。我們再看看這首頌——

> 一切法自性　於因或於緣
> 若總若各別　無故說為空

這即是說，一切法（果法）既然依因緣和合而生，所以我們無須直接去研究這些果法有自性、無自性，只須在「因」中找不到它的自性（「別」）、在「緣」中找不到它的自性（「別」）：在「和合」中亦找不到它的自性（「總」），分別來找、綜合來找（「若總若各別」）都找不到，那就可以說這些果法是空性了。

這即是子依於父而生起，若「父」只是一個名言，那麼，「子」自然也就是名言，是故即可以說之為「空」。——在這裡，能證其為「名言有」就可以說空了，因為在前一次第的觀修中，已經由「業因有」證成「名言空」。

上論第4頌，即證成因緣中無果法的自性，所以這是相依緣起層次的觀修。頌說——

> 有故有不生　無故無不生
> 違故非有無　生無住滅無

於因、於緣、或於因緣（和合）中先已有果法的自性，那就不能說能生起，因為已有即非新生；若本來無果法自性，亦不能說能生起，因為既本無，焉得生起呢？倘若說「亦有亦無」、「非有非無」，那亦不得生起，因為有與無、非有與非無，都是互相違反的狀態，果法的自性不能於這狀態中生起。

這就是對「業因」的實際觀修了。

　　成立「無生」，在相依緣起的層次，是由四邊觀察因緣，從而證成於中都無果法的自性，所以其所現證的，並不是「相依有」的空性，而是「業因有」的空性（觀察因緣即是觀察「業因有」）。

　　因此我們可以說，無生、無住、無滅（「生無住滅無」），是由「業因有」無自性而證成，而生、住、滅等現象，則已超越名言與業因，變成由相依而成立 —— 我們稱之為「相依有」。

　　在觀修時，這樣的建立十分重要，因為必須有這樣的建立，行者才能觀察止觀的所緣境。

　　當觀察凡庸的「名言有」，以及「因緣和合」的「業因有」時，是「有分別影像所緣境事」，亦即是資糧道上的內觀。因為「名言」根本就依「分別」而成立，而因、緣、果法等，亦無非只是名言，前已說之如父與子，都由名言成立。

　　但若超越至相依緣起的觀修時，就開始超越名言了。因為這層次的觀修並非只觀生、住、滅，生住滅只是龍樹用來說明相依緣起觀修的例，行者在修證時，所抉擇的是心識與對境的相依。

　　一切對境皆依心識而變現、心識則依對境而起分別，這才是相依緣起所現證的決定。是故在觀修境界中，是「無分別影像所緣境事」，亦即是加行道上的寂止。這時無論內識與對境都不須加以分別，行人所現證的只是二者的「相依而成有」，而非任何細節。

　　所謂「唯識觀」，就是這層次上的修證了。華嚴家說的

「一切唯心造」，若只理解為「唯心」，則亦同在這層次之上。如果不超越唯識、唯心，就永遠落於相依緣起 —— 所以彌勒瑜伽行與華嚴宗，都不以唯識或唯心為止境。

說到這裡，讀者當已明白，說「一切唯心造」，其實是成立「相依有」（由「心」造成的有）；說「心識變現」，亦是成立「相依有」（由識變現出來的有）。當這樣成立時，也同時成立了「因緣有」的空性，因為一切說是由因緣而生的果法，無非「心造」、無非「識變」，「因緣」在這時就已被超越。

不由觀修來證知的人，只由認知出發，便成為籠統。

他們以為既然說「因緣和合」，那就已經否定了果法有自性，所以說因緣和合便即可證成空性。

他們又說，因緣與果法是「互相觀待」，由互相觀待而成依存關係，既然是依存，那就當然沒有「自」這種性（因為只有「依存性」）。

這兩個說法，若只為了認知，雖或未嘗不可，但其實已經歪曲了教法。

首先，「因緣和合」並不能證成「和合」出來的事物沒有自性。假如「因」有自性、「緣」有自性，由二者和合出來的事物亦一定有自性，所以便先要證成因法與緣法都無自性。這就要層層追究了。

事實上龍樹並沒有說過因緣和合所生的果法，由「因緣和合」而無自性，他只是由因、由緣、由因緣和合三種情況，都無生起果法自性的可能，從而說果法無自性。所以認為說

「因緣和合」就等於同時說果法無自性，那只是認知者自己的結論。倘若如是籠統而觀修，則連資糧道都不可得入門。

其次，說既是依存，就沒有「自」性，這亦是籠統。「有子始有父」，所否定的只是「父」這個名言有自性，並不能因此就說那個叫做父親的男人沒有自性。所以，「外境依心識而變現」，亦只能說明我們看出來的對境，是由心識分別而生起的行相，並不足以說明外境本身沒有自性（因此，才須要進一步的觀修來證成這無自性。）

倘如以為依存就必然無自性，那為甚麼彌勒、無著、世親都說要先修證「所取」（對境）無自性，然後才修證「能取」（心識）亦無自性呢？二者依存，一齊無自性，豈不痛快？無奈這實在只是籠統的推理，若如是觀修，則根本連資糧道都不得完成。

龍樹其實是這樣表達——

第一、凡庸執實，是執「名言有」為實。

第二、由「因緣和合」，成立一切法實在是由因緣而成為有，並非如名言而成為有，那就證成了「業因有」而同時證成「名言有」無自性。

第三、深一層觀察，「業因有」其實亦不可以由因緣即成為有，只是果法依於因緣而成有，外境依於心識而成有，那就證成了「相依有」，同時證成「業因有」無自性。

籠統者的毛病，是推理得太快，一說因緣和合，立即就同時說「業因有」為空；一說相互觀待，立即就同時說「相依有」為空。這種跳躍，自然不能現行於實際觀修之中，同時亦無可現證，因為一說抉擇（如因緣和合、如相互

觀待），他就同時決定了（如和合就自然無「自」這種性；相依就自然無「自」這種性），那在抉擇而後觀修、觀修而後現證的過程中，觀修根本已無立足之處。倘若持這態度來說空性，恐怕亦只能停留在「說」的層次。

所以在相依緣起之中，所證成的是「相依有」，並不是「相依是故無自性」，它只證成「相依，是故『業因有』無自性」。

讀者須如是理解，才能明白「抉擇→觀修→決定」是怎麼一回事。因為一切經論，其實都是循著這脈絡來說法，若不明脈絡，讀經論就很難得解，所得者便變成一堆模糊的概念，於是就永落於名言的邊際，給名言與概念弄得頭昏腦脹。至於賣弄名言，那就更加是違佛之所教。

在世間法，也可以用相依緣起來分析事物，從而檢查它的「業因有」是否能夠成立。

仍然以美國金融危機為例。

我們在前面成立其衍生工具為「業因有」時，已經指出，它的「因」並不正當，因為無論通過任何手法來掩飾，歸根究底，都是銀行將客戶的資產當成自己的資產來發行債券。但這個「因」雖有問題，卻不能否定，因為它是「合法」的。

那麼，我們就不妨看看問題的另一面，美元為甚麼會受到世人如此之信賴，以致弄到凡能操縱美元的大銀行便都受到崇拜。（正因如此，才可以建立「名言有」以欺世；同時有力量將不正當的因變成合法的因，甚至令經濟學家將之當成合理的因。）即是說，歸根究底就是美元的信譽。

　　美元打倒歐洲貨幣而成龍頭大哥，是靠「金本位」的成立。全世界的貨幣只有美元才可以向中央銀行兌換定額的黃金，那便真是黃金一般的保障，美元信譽由是天下無敵。

　　可是，美國國民由於富足而過度消費，金本位貨幣的發行已不足以應付這些消費，更加上向國外資本擴張的需要，金本位便變成過時的制約。於是非廢除金本位的貨幣制度不可。

　　但怎樣來維持美元的龍頭大哥地位呢？

　　最主要的手段，是成立「新自由主義」的經濟理論，即所謂虛擬經濟，其中的一環，是漂亮的全球一體化。全球一體，富國有責任照顧落後國家、幫助發展中國家，聽起來十分合理，所以最富的美國便依然是龍頭大哥，其貨幣當然也就首屈一指。

　　所以，美國聲望是依經濟理論而建立，這經濟理論其實亦依美國聲望而建立，這是彼此「相依」，如有子始有父。

　　中東國家的王子王女紛紛到美國去留學，學到美國的經濟理論，回國之後，依所學而行事，那就成為成立相依緣起有的最大助力。

　　美元地位既然是「相依有」而不是「業因有」，那麼，依美元而成立的「衍生工具」當然亦是「相依有」，由是即可否定其「業因有」，即是說，它資本的「因」不可靠，成立它的「緣」亦值得懷疑。

　　現在，聯邦儲備局已為此道歉（證明姑息的緣本不成緣）、評級公司受到指責（緣亦不成緣），剩下來便只是那套經濟理論了，且看你怎樣評價它吧。

所以，現在金融危機的問題，可以說，實已衍化為美國信用與美國提倡的經濟理論「相依有」的問題。這亦即是西方資本主義為「相依有」，目前要維持的就是這種「相依」關係。

因此，美國一定要拿自由、民主、人權等人文概念來提升自己的聲望，他的聲望愈高，他的經濟學說就站得愈穩；美國提倡的新自由主義經濟學，也一定要為資本擴張、資源掠奪提供理論根據，它能為美國取得最大的利益而被掠奪者依然不悟，那就是它最大的成功。

4）相對緣起

甚麼叫做相對緣起？

在名言概念中，一切法雖依心識而成立其有，但進一步觀察，我們實在是於相對概念中而成立其為有，所以事物非只由「心境相依」而成立，實在是由概念上的相對而成立。

譬如外境與內識，我們說之為彼此相依，但實際上所謂內識，我們實指由分別而起的心識行相。例如我們說這氣味香，那氣味臭，所謂香臭，即是鼻識與意識同起作用時的分別，這分別作用即生起一個香或臭的行相。

因此，「分別」（vikalpa）才是生起一切法的根源。所謂一切法，包括外境與識境中的行相。

由於分別，是故一切法就落於相對。為甚麼呢？因為所謂「分別」，無非只是比較，而比較則依相對始成比較。

高下、大小、美醜、善惡等等，無論具象或抽象，都由比較而成立。亦即一切法皆由相對而成立，範圍狹者，如世

間日用；範圍廣者，則是將整個法界分別為輪迴界與涅槃界。

　　若範圍不廣不狹，那就是修行人自己的內心世界。在觀修時，其實即是對內心世界作觀察，因此不廣不狹的範圍，便亦是作觀察的最適宜範圍。

　　在觀修中，最重要的境界，無非是清淨與雜染兩個相對的境界。說得再確切一點，便是心識不受雜染與心識受雜染兩種境界。相對而言，前者便名為「如來藏」（tathāgatagarbha），後者，便名為「阿賴耶」（ālaya）。

　　阿賴耶並不是「阿賴耶識」（藏識 ālayavijñana），而是成立阿賴耶識的基礎，這在甯瑪派的教法中，是一個很重要的教法。如果將阿賴耶跟阿賴耶識混淆，有許多法門都無法修證。不過由於即使在梵文的原本經論中，許多時候都將「阿賴耶識」簡稱為「阿賴耶」，所以讀經論的人便須知差別。

　　差別在於，「阿賴耶」只是一個境界、一個狀態，即亦只是一個相，而「阿賴耶識」則不是相，而是一種功能，唯識家將這功能說為「受熏持種」，即是既能受熏習，又能持種子，這就不能說之境界了。

　　近世佛學家有過一次著名的諍論，研究《大乘起信論》的真偽問題。這篇論著，是華嚴、天台兩宗所依止的根本論典，一向並無異說，可是日本學者卻提出異論，認為這是漢人所造，託名印度大論師馬鳴（Aśvaghoṣa）。漢土學者接著話題來研究，於是就否定了這篇論著。

　　《起信論》受漢土學者非議之處，是因為它說「一心二

門」，即「心真如門」和「心生滅門」，這個説法，唯識學者
認為十分錯誤。

一九九三年夏天，筆者到加拿大圖麟都，蒙唯識大師羅
時憲教授邀約午茶，座上即有羅公的弟子問筆者：「甯瑪派是
不是主張如來藏？」筆者説是，問者於是説：「那就即是一心
二門了？」筆者答道不是。雖然這樣答，卻依然有羅公的一位
弟子，撲一聲站起來，神情嚴肅地説道：「如來藏是極錯誤的
思想。」筆者知道，他是誤解民國初年的唯識家了，他們其實
只否定《起信論》，並未否定如來藏，可是今時的唯識末學，
卻以為否定《起信論》即等如否定如來藏。因為這不是三言兩
語就可以答覆的問題，所以筆者當時便只喝茶吃點心，與羅公
相對一笑。

為甚麼會相對一笑呢？因為在這茶局之前，筆者在羅公
的客寓曾有長談，由上午十一時談至晚上十一時，談的正是
「如來藏」的問題，筆者將甯瑪派的教法告訴羅公，羅公聽得
津津有味，本來説午飯後即告辭，結果羅公要留晚飯，飯後還
談了一陣子，真可謂相別依依。只可惜，這是我們二人最後的
一次長談了，因為其後羅公隨即回港動手術，手術後不久即便
辭世。如若不然，相信他的弟子會對「如來藏」改觀。

現在，我們且就相對緣起，説一説這個容易受人誤解的
如來藏 ── 近年日本的「批判佛教」説如來藏違反緣起，真
的可謂莫名其妙，因為他們根本不知如來藏本身即由緣起而成
立，大概他們以為，凡説緣起，一定要説十二緣起，否則便非
佛家思想。

如來藏是甚麼？上來已説，它無非只是一個境界。凡夫
的心識受雜染，因此有業、惑、苦（這即是三種雜染），受

障礙（這留待説相礙緣起時再説明）；聖者的智境則不受雜染，離諸障礙，這個智境便是如來藏了。

如來藏有兩種，一是空如來藏，一是不空如來藏。空如來藏是由修證而轉起的智境（所以可以説是聖者的心理狀態），不空如來藏則是「法爾」，亦即本然狀態，本來如此，自然而然，不由修證而成就。

上來已説，如來藏與阿賴耶相對，在相對緣起中，這相對是「相」的相對，亦即相對狀態。由修證，心識便可以由受雜染轉為不受雜染，這即是現證如來藏的過程。《起信論》便將這過程稱之為「熏習」。

引起唯識家批判，就是這個名言了。因為唯識的「熏習」，一定要阿賴耶識中藏有「種子」（bīja），種子受熏習，於是起現行。現在《起信論》沒説種子，是故不能受熏。所以他們認為《起信論》違反唯識，即是違反佛的教法，因此不能承認其所説的「一心二門」，亦不能承認由此而建立的如來藏。至於華嚴宗説的真如緣起，更是「一心二門」的產品，自然更受批判。

《起信論》沒有梵文本流傳，所以我們找不出「熏習」一詞的原文，由是亦無法説它是誤譯。[10]不過即使同一名相，在「道名言」的立場，它亦可以有不同的涵義，例如「外境」，唯識家説它是心識變現，而大中觀宗則説它是由相礙而自顯現，相礙外境的不只是心識。這就是「道名言」的建立分別了。但大中觀宗亦不能用自己的「道名言」來否定唯

10　學者或以 vāsanā 作為《起信論》中「熏習」一詞之梵語原文。但這亦無非是依唯識學所説之「熏習」原文，比附於《起信論》之「熏習」。

識家所說的「外境」，不能說「不說相礙，就不能說外境」，由是說唯識家違反佛法。

　　所以說「如來藏是極錯誤的思想」，如來藏才真叫做無辜，它只是受「熏習」一詞所累，甚至可以說是受株連，因為由「熏習」牽涉到「一心二門」，由「一心二門」牽涉到如來藏，認為「熏習」說錯，如來藏就變成「極錯誤」了。

　　其實，即使《起信論》有誤，亦無須判如來藏為「極錯誤」，因為並非只《起信論》說如來藏。說如來藏的有一系列經典，而且唯識宗的祖師，彌勒、無著、世親，無人不說如來藏，那麼，是否佛跟這幾位宗師都「極錯誤」呢？

　　牆倒眾人推，一自民初的唯識家質疑過《起信論》之後，推翻如來藏的人便相繼而出，他們卻沒有一個人知道，「如來藏」這個名言，其實是為說明佛的證智境界而假施設，除此意義之外，他們所株連的都是外加於如來藏的戲論，是故實不能由外加的戲論便從而否定如來藏的成立。

　　上來所說，是不得不說，因為若如來藏受否定，相對緣起便又可能因受株連而給人否定，為此，必須要將問題說清。

　　龍樹建立相對緣起，指出它跟相依緣起有兩點不同之處——

　　一、凡相依的二法，一定同時成立，而相對的二法則可不同時。

　　二、凡相依的二法，一定不可離異，若離異則失壞相依的關係，而相對的二法，則可以離異而成立。

　　在《七十空性論》的第13頌中，即由這兩點來成立並超

越「父子」的相依有。頌言——

> 父子不相即　彼二不能離
> 亦復非同時　有支亦如是

　　這是說十二緣起（十二有支），它們是否相依而成立呢？若作觀察，如無明與行的相依、行與識的相依等。它們的關係如「父子」，所以「不能離」、「非同時」。在「父子」喻中，父與子自然不能離異，因為離子則無父名、離父亦無子之名；然而雖不能離異，父與子卻非同時而生起，這則已經是常識範圍之內的事，由是「父子」雖是相依，實亦相對。為甚麼，因為「父子」之名雖不能離，但是，父子二人實非同時出生，所以既在名言中相依，但卻在現實中相對。十二緣起亦一樣，無明雖然與行相依，可是，它們一定有先後的分別。

　　《中論・觀染染者品》，即便由相對緣起來討論「染」與「染者」是否有實自性。這一品一共有十頌，若詳引頌文來說，未免過繁，是故不如總括頌義來說明龍樹的破立。

　　在這裡，「染」是指貪、瞋、癡等。「染者」則指受染的眾生。對此，青目有詳細的說明，他說——

> 問曰：經說貪欲、瞋恚、愚癡是世間根本。

> 貪欲有種種名：初名「愛」、次名「著」、次名「染」、次名「婬欲」、次名「貪欲」，有如是等名字。此是結使，依止眾生。

> 眾生名「染者」，貪欲名「染法」。有染法、染者故，則有貪欲。餘二亦是，有瞋則有瞋者，有癡則有癡者。

> 以此三毒因緣，起三業；三業因緣，起三界，是故有一切法。[11]

這裡所討論的便是阿賴耶了。在這裡可以引摧魔洲（bDud 'joms gling pa, 1835-1904）尊者的《淨治明相》（sNang sbyang）來說明──

> 由無明而令本始基被障者，殆為阿賴耶（kun gzhi）無疑。阿賴耶如瓶中之頑空，無思亦無明相顯現，有如昏睡或失知覺境界。……由此境界，業力風息晃動，此即嫉妒之自性，其功用為令一光明於空性中生起，此即阿賴耶識（kun gzhi rnam shes），住於瞋之體性中。[12]

佛家說「雜染」，實在即是說惑、業、苦，在這裡，阿賴耶即是惑、業風即是業、生起阿賴耶識且隨生餘七識，由是成立一切輪廻法，即是苦。所以阿賴耶即是成立一切苦的根源，然而它並非實體，只是一個有如昏睡的境界，有如瓶中頑空的境界，但境界中依然有業在起用（說喻為「業風」）。

倘若離昏睡境，離頑空境而無「業風」起作用，那便是如來藏。離昏睡境是故具有「明分」；離頑空境是故具有「現分」；離一切業是故具有「空分」。此即說為佛的證智境界。

凡夫由修證而成佛，所以要理解的便是阿賴耶而不是如來藏，因為如來藏是現證的境界，於現證時法爾呈現，是故不須研究；阿賴耶則不同，它是我們生死的根本，是故便須要通

---

[11]　大正・三十，no. 1564，頁8a。

[12]　依許錫恩譯，收《無修佛道 ── 現證自性大圓滿本來面目教授》（台北：全佛文化，2009）。

達它的機理。佛於三轉法輪時，說法相、唯識、如來藏，即是為令凡夫了知生死而說。

對於阿賴耶，修行人最大的問題是：如何能離雜染，如何能離貪瞋癡等雜染相？因此，就有「染〔法〕」與「染者」問題的研究了。

在《中論・觀染染者品》中，龍樹用三重破法，來證成染法與染者非有實自性。此即──

先由「相依緣起」破「業因有」。

次用「相對緣起」破「相依有」

復用「相礙緣起」破「相對有」。

在這破立過程中，相對緣起既為「能破」（能破「相依有」），亦是「所破」（為相礙緣起所破），是故在龍樹的破立中便成為關鍵。

他破「業因有」的論頌是──

> 若離於染法　先自有染者
> 因是染欲者　應生於染法
>
> 若無有染者　云何當有染
> 若有若無染　染者亦如是

這即是說染法與染者實相依而成立，因為離染法即無「染者」之名（離父即無「子」名）；離染者亦無「染法」之名（離子亦無「父」名）。

由不能離異，所以成立「相依有」，亦即染法與染者實非「業因有」，僅藉相依的關係而成為「有」。

不過，這依存關係亦不真實，因為染法與染者二者不同時，所以「相依有」便亦不能成立。論頌說 ——

染者及染法　俱時則不然
染者染法俱　則無有相待

這裡說的「相待」，即互相對待，亦即「相對」的意思。

不成立相對緣起有甚麼過失呢？染法與染者永遠相依而不能離異，那就成為「常」，由是即成實執，而因此無論行者如何修持，終不得離染法而得解脫。

所以，這是由染法與染者的「相對有」來破「相依有」。

不過，「相對有」其實亦不究竟，所以在論中龍樹再作破立，現在就暫時不去說它了。

現在，可以再說清楚阿賴耶與如來藏的問題了。

行者在資糧道與加行道上，他的心識一定是阿賴耶狀態，亦即心識可受雜染。事實上人生活在世間，貪瞋癡事即是生活，由是於修持與行持時，心識便不可能不受貪瞋癡的影響。然而，貪瞋癡呈現出來亦無非是一個行相，因此，亦是一個與心識相依的境相。那麼問題就來了，行者雖然修學，而貪瞋癡的雜染卻無有了期，與之相依的心識又如何能得清淨呢？這問題若不能得到解決，修學便似乎是無益的事。

於是乎就變成斷與常的問題了。心識常緣行相，行相對它的雜染便亦是常 —— 當然並不是一個行相永恆於心識中轉起，因此就個別行相而言可說為斷，但行相實相續生起，只要

心識的分別功能不斷，行相便從無剎那停止，是故便可說之為常。

現在我們就可以回到先前曾談過的問題了。中觀家為甚麼要反對唯識家建立「自證分」，正因為「自證分」是相依有，是故中觀家名之為「依他自證分」（這「依他」是唯識家的道名言）。倘如不否定這相依有，上面提出的問題就不能得到解決。所以中觀家說唯識家執實，即是說他們執實「相依有」。

這個問題，由否定「相依有」為實自性，那就馬上可以得到解決，於相對緣起中，成立「相對有」而同時成立「相依有」無自性，此即心識與對境的相依為無自性，由是行者就不須為心境相依，恆受雜染而不知所措。無自性的心識緣無自性的雜染相，是故心識本來就未受雜染，這就即是「心性本淨」，這就即是「佛性」、這就即是「如來藏」。

所以如果沒有相對緣起，行者就不可能由對阿賴耶的執著，轉為對如來藏的認知。是故說相對緣起是對相依緣起的超越，一如相依緣起是對業因緣起的超越。

在世間法上，前面根據相依緣起分析，已說美國的金融危機，可歸根為美國聲譽與其經濟理論的相依有，亦即其人文與經濟兩種理論的相依。

然而，若用相對緣起來檢討，則二者實不成立相依。二者相依須不能異離，而且還要同時，但顯然美國的人文（民主、自由、人權等理念）並非與目前的經濟理論同時，在林肯的美國、華盛頓的美國，有民主、自由、人權思想，但一定沒有「全球化」的經濟理念、甚至沒有貨幣擴張的虛擬經

濟理念，（所以才可以有鎖國政策的「門羅主義」）。二者既不同時，那就不能成立「相依有」。

其實目前美國的人文精神也與全球一體化衝突。提出「美國利益」，因此可以攻打伊拉克，可以定義一些「邪惡軸心」，可以宣佈中國為最大敵人，那還有甚麼全球一體化。

由此觀察，目前美國（連同它提倡的經濟理論），實在是依「相對有」而存在。那即是，先進的消費國相對於落後的生產國而成存在。這樣來決定，便更能看透目前美國的本質。

金融「衍生工具」，是將通脹、貿易赤字、負債等等對美國不利因素，轉嫁給生產國（主要是中國）的經濟工具。這可以說，其實是利用經濟理論來行騙，行騙與被騙也是相對。

中國如果依照自己的文化傳統來辦事，就可以成為另外一種相對 —— 東方人文精神與西方人文的相對，這樣，對中國就大為有利，至少可以不繼續受騙。

中國的人文精神，在政治上是「民本」、是「天下為公」，在經濟上是「藏富於民」。民本比民主、自由、人權更實際，因為是從「事果」來成立，而不光只是口號或概念。民本沒有雙重標準，民主等等則甚至可以多重標準。天下為公亦如是，公不公，有目共睹，全球一體化的效益則可以化裝。藏富於民亦如是，不能造假，亦沒有雙重標準，但積富於貨幣，則是假象，則是一定有一天會爆破的泡沫。

因此目前實在是世界危機，不只是金融危機。這次危機，決定生產國與發展國的生死存亡，很可能兩敗俱傷。

怕的是，生產國看不到「相對有」，只從表象（例如經濟發展）來看，就會將「相依有」這假象當成是真實，那就會

將自己的財富用來支持財富掠奪者（因為他有危機）！

5）相礙緣起

頂禮文殊師利法王子。

在說相礙緣起之前，筆者先作頂禮，因為相礙緣起是入不二法門的階梯，不二法門是佛家的究竟，說不二法門的則是文殊師利。

所謂「相礙」，意指局限、範限，這是由障礙引伸出來的意思。

在相礙緣起中，將一切法都看成是在局限中而成立。我們的心識受局限，外境一切事物亦受局限。所以內外一切行相，其實都是在適應局限的條件中成立，無有例外。

飲茶的杯不同飲酒的杯；讀書用的椅不同閒坐用的椅，諸如此類便是適應。

我們的思想概念也懂得適應，例如東方人由哈腰行禮改為鞠躬、由拱手改為握手，叫做現代禮俗，其實無非只是適應。

即使是科學發明，亦無非是適應。適應時代的需要然後才有發明品，而發明的構思實在也須與人類的概念適應。

由適應局限而成立，佛家稱之為「任運」。這並非「任意運作」，只是「在任何局限中都能生起」的意思。所以離相礙即無所謂任運，說任運，那就已經承認了有相礙。

在四重緣起中，相礙緣起是最高緣起，所以亦名為甚深緣起。

　　説相礙，那就已經包括了相對，因為互相對待，實際上已經是相礙。例如說輪迴界與涅槃界相對，可以看成是輪迴的局限便妨礙了涅槃、涅槃的條件亦妨礙了輪迴。

　　又如說阿賴耶與如來藏，那亦跟輪迴與涅槃二界的情形一樣。阿賴耶的狀態，不成為如來藏，如來藏的狀態亦不成為阿賴耶。這即可說為彼此相礙。

　　説相礙，亦已包含了相依。因為事物彼此依存而成立，這依存關係就即是事物生起的局限。例如人依氧氣而生存，那是因為氧氣就是人類須要適應的條件。在生物發展過程中，不適應氧氣的生物早就受淘汰，例如病毒，它們沒可能在氧氣中生活超過一兩天，因此就不能發展成為高級的生命形態。

　　心識與外境相依，亦其實是相礙。心識對外境作分別，即須依外境而成分別的範限，因此眼識只能分別形色、耳識只能分別聲音。外境依心識而變現，這所謂「變現」，便即是外境依人的心理狀態而成立。例如「情人眼裡出西施」，在情人眼裡「變現」為西施的女人，在別人眼中一定有不同的「變現」。

　　説相礙自然亦包含了業因，因為在「因緣和合」中，因、緣與和合，三者缺一不成，這三者便即是果法的局限。是故說一切法由「因緣和合」而生，實亦可說為一切法受因、緣與和合相礙。

　　在四重緣起中，只有相礙緣起可以包含其他三重緣起。但這包含，並不是承認其他三重「緣起有」為有自性，恰恰相反，是為了否定其「緣起有」為有自性的實法。因為說「包含」只是為了方便，實際上是「超越」。

　　上來已經說過，成立「相依有」便同時成立「業因有」無自性。這即等於說：你的所謂業因有其實已包含在我的相依緣起中，且已被超越，所以，事物並非由業因（因緣和合）而成立，實在是由相依而成立，由是你的所謂業因有，我即可以說之為無自性。

　　這就即是超越同時否定。

　　同理，可以由相對緣起否定「相依有」；亦可以由相礙緣起否定「相對有」。

　　下來，即談談對「相對有」的否定。

　　行者修證相對緣起，主要是觀修阿賴耶與如來藏的相對，由相對否定「相依有」，是故說可以離雜染相，由是才有可能去現證本初的清淨心識，所以一切雜染，是相對而生起的染法。

　　但在「相對有」中，並不能證成阿賴耶與如來藏的實相。也即是說，這裡還存在著兩個問題 —— 本來清淨的心識，一旦受雜染後，這心識是否即因此改變了性質，不能再顯露為清淨相呢？這些雜染雖無自性，但它到底是些甚麼性質的事物？

　　否定「相依有」，只是否定白布的本質可被染成黑布。那麼，到底是甚麼東西令白布染黑呢？在相對緣起中，這問題未得到解決，只是說，此中非有依存在白布上具本質性的染色，黑與白，只是相對的狀態（境界），因此無染可離（不須將看起來是黑色的布漂白）。

　　這樣一來，就只回答了前一個問題，即是心識雖受雜

染，而其法爾清淨的性質則從未改變，因此說，「心性本淨，客塵所染」，所染的只是如過客一般的塵垢，因此對本淨的心性沒有根本性的影響。

然而，到底客塵是甚麼性質的事物？這問題在相對緣起中實在未有得到解決。

龍樹在《法界讚》中，以月為喻，說這些「客塵」其實有如月上的影，在陰曆十五日，這些影完全消失，我們便見到光圓的月相了，這可譬喻為見到本初清淨的心性，而我們凡庸的心識，則如陰曆三十日的月，月受影蔽，令我們完全見不到月亮，但這時，月亮其實一樣光圓，只是我們看不見。

因此，這就即是相礙了。所謂雜染其實並不是染，只是礙。前面說的白布，其實並沒有變黑，只是因為受影蔽而變黑，倘如因此拿它去漂白，實在是徒勞無功的事。有些宗派說這白布是「火浣布」（石棉），所以實不受染，那便是「他空見」的層次，其實依然未說出實相，實相只是受礙。

所以在見道上的修證，便不是「離諸雜染」，實在是認識相礙，而且，只須認識相礙就可以「觸證真如」了，實不必設法去離礙。為甚麼呢？此如見過月圓相的人，就無論哪一個日子都可現證月圓相，即使在三十日的夜晚，當他舉首望天之時，依舊知道有月在天際，而且光圓，這光圓相他曾「觸證」。於是，他就能夠捨月受礙相而證月光圓相了。

見道所現證，說為「不增不減」，由這例子便可以知道。我們現證月光圓相之時，實在無須為月增加一些功德，亦無須為月減損一些業染，因為月光圓相是本然的存在（法爾），不由造作而成。

　　龍樹在《法界讚》中以月為喻，是一個很精彩的例子。他是西元二世紀時候的人，當時的人根本沒有天文學的觀念，但他卻可用月的圓缺為例證，用以說明相礙，真的可以說是「超時代」。在聖者修證的境界中，常起不可思議的行相，這或者即可以作為一例。

　　現在我們再總觀四重緣起。

　　修行人的實際問題是，如何令心識清淨。起初，將問題歸於業因，是由業力為因而令我們心識不淨；然後是將問題歸於雜染，令心識不淨的是染，而不是有自性的業因法；接著再將問題歸於客塵，令心識不淨的只是作為客體的塵埃，這就容易掃除；再後是將問題歸於相礙（如影蔽），那就根本連掃除都不須要，為甚麼呢？光明生處，黑暗自然同時消失，所以行者所須現證的便只是心性光明。

　　禪宗的行人說：「黑桶底脫落」，說的就是見道上相礙緣起的現證。

　　在《七十空性論》中，龍樹設問說 ——

　　　　若無有生滅　　何滅名涅槃

　　問這問題的人，認為一定要滅去一些甚麼，然後才能現證涅槃。此即如認為要消盡業因、要離諸雜染、要掃除客塵、以至要離一切障礙，然後因「滅」而得涅槃。龍樹對這問題答得很輕鬆，只說 ——

　　　　自性無生滅　　此豈非涅槃

　　接著他解釋道 ——

若滅應成斷　異此則成常
涅槃離有無　故無生無滅

所以一切修證，非滅、非離、非斷，只是現證心識的本淨光明相。

讀者或問：那為甚麼在說《心經》時，又說修道上九個地位的菩薩都是修證離礙呢？

這問題要分兩個部份來答 ——

首先，須知見道上初地菩薩的觸證真如，只是觸證，這就如人於十五夜觸證月光圓相，所以他只是見過月光圓相，知道月光圓相是甚麼一回事，他並非恆時能見月光圓。

修道上九個地位的菩薩，所修稱為「離礙」，即是修證如何恆時見月光圓相，至佛地，就無所謂初一、十五、三十夜，因為他已有如坐太空船繞月飛行的人，無時不見月的光圓。

必須這樣去理解離礙 ——《解深密經》中說九地菩薩各有二愚一粗重，對於「愚」及「粗重」，亦須這樣去理解。

其次，菩薩雖說是修離礙，但實際並非在修證中求離開一些甚麼，是故名為離礙，實無具實自性的礙可離。若執礙為礙，則菩薩反而不能離礙，因為他的執著就即是心識的障礙。

談到這裡，可以一談我們身受的相礙了。

最根本的相礙，是時間與空間對我們的局限。我們生長在三度空間、一度時間的器世界中，所以三度空間、一度時間就變成是必然的事。因此，我們世界中的一切事物無不立體，

無不呈現由生至滅的相狀。我們的心識，亦只能接受這有老死相的立體世界。

所以當我們去觀察太空時，別以為在天文望遠鏡中看到的已經是整個宇宙，不是，絕對不是，我們的眼識跟意識局限了我們，所以看見的仍然是三度空間、一度時間的宇宙。

天文學家說，宇宙的單元是太陽系，一個太陽圍繞著若干行星、衛星又圍繞著行星，那就是一個太陽系了。由無數太陽系組成一個銀河系，由無數銀河系組成這個宇宙。因此，他們去研究這宇宙有邊際還是沒有邊際。

然而這個宇宙卻絕對不等同佛說的法界，因為法界超越時空，由是才說為不可思議。

只是兩度時間就已經不可思議。我們由於是一度時間的世界，時間的運動有如直線，因此時光一去就永不回頭。然則兩度時間的世界應該是甚麼樣子呢？

我們假設之為一根有來有去的直線，所以時間可以回頭。以此為根據，我們就假定在兩度時間的世界，已無所謂生滅，時光會回頭，老人便亦可以回變成嬰孩。

但真的是這樣嗎？若時間與空間相依，情形可能是這樣，假如是相對呢？那時候，時間與空間就不是同步的運動，當時間回頭時，空間不回頭，那麼我們就不能由一個「老人時空體」回至「嬰兒時空體」。在這樣的世界中，生老死是甚麼樣的一種現象，我們誰也說不出來，因為我們受自己時空的相礙，是故對異於自己時空者即覺不可思議。

你看，就這麼一個低元次的二度時間，我們已經不可思議，那更何況是高元次的時空。

　　佛沒有叫我們去現證法界的一切時空，因為那是不可思議的事（佛說眾生界亦不可思議），但我們卻須自知，我們實在是落在時空的相礙之中，因此至少要在心識上認知這些相礙，這便即是初地菩薩的現證。

　　對於時間與空間，《華嚴經》已有所破，後來華嚴宗的祖師，更花了很大的氣力來辯破方與時。所謂辯破，即是證成時間與空間（名言為「方分」）無實自性。他們說得很艱深，那是因為受到時代的限制。千數百年前，人連時空元次的概念都沒有，因此就很難說明這個問題了。筆者認為，甯瑪派以相礙緣起為秘密教授，不得向非根器的人宣說，亦可能由於時空概念難以理解，若隨便向人說，不理解的人斷章取義，反而可能將你的說法歪曲，當成笑話來誹謗，由是才有這禁戒。

　　這禁戒亦並非多餘，筆者自己就有過一次教訓。

　　有人問筆者：是不是一個阿賴耶識只能輪廻成一個個體？

　　這是在討論為甚麼世界人口會隨時代而增加的問題所引發的。筆者回答道：一般的情形應該是，但假如其身語意業勢力平均時，卻可能不是。因為在輪廻時，由最重要的業力取「正報」（成六道中哪一道有情身），其餘的業力則取「依報」（生在甚麼地方，有何享用，以至智慧、形態、聲音、美劣等等），因此，若身業、語業與意業都平衡地呈現出一個重要的勢力，那麼，一個阿賴耶識便可能成為幾個輪廻的個體。例如西藏的親尊活佛（'Jam dbyangs mkhyen brtse），他就有五個化身，分別為身、語、意、功德、事業，所以如今代代相傳，每一代都有五位親尊。

這個回答，居然亦受到歪曲，於是盛傳筆者主張輪迴可以分裂，頭成為天人，腳卻下地獄，手又成為人。甚至有人因此向筆者的弟子提出忠告：千萬不可跟這具大邪見的人學佛。

這就是由於不理解，於是就成為歪曲了。這件事筆者牢記於心，不是為了記恨，而是為了要警惕，因為真的不可以在非根器的人面前說深法。對於連正報與依報都不理解，但卻知道一個阿賴耶識的人，實在不應該說上面的那一番話。

連這樣一個其實簡單的問題，都要受根器的相礙，更何況是說到涉及「時與方」的相礙緣起？古代的祖師若像筆者那樣說時，又不知會給人怎樣歪曲，傳為怎樣的誹謗了。當謠謗橫生之際，實在是引導誹謗者做惡業，而且亦不利於教法。

筆者現在說明時空為相礙，且是修行者最基本最深遠的相礙，可能已不妨事，因為這是白紙黑字寫出來，可以澄清歪曲，而且，現代人的時空概念亦應該接受這個說法。如果不接受，或嫌筆者說得沒有哲理，那他可以持著筆者的說法作為提示，去研讀華嚴宗祖師的論著，應該就會沒那麼艱深，同時知道華嚴祖師之所說，歸根實同筆者之所說。

知道時空相礙為根本相礙，我們就明白為甚麼要建立相礙緣起了。若無此重緣起，見道上的行人便始終受時空相礙，而不能現證如來藏的境界（說名為「如來藏智」），修道上的行人便更沒有修行所依的基礎（而且，那時就根本沒可能有修道上的菩薩，因為已無初地的現證）。

如果由相礙緣起來看世間法，那麼，就應該由相礙來觀

察相對了。

目前消費國與生產國的相對，其本質，實在是消費國用衍生貨幣來騙取生產國的人力物力資源，暫時取得平衡（美國最成功的是，金融危機發生以後，依然還能維持平衡）。但是，這平衡能永久嗎？而且，真的是兩利嗎？顯然不是。

實際情形是，消費國目前是在設法適應他的相礙，也可以說，資本主義要適應目前環境帶來的障礙，不適應，就不能生存。所以一系列西方人文精神的擴張、宗教擴張、貨幣擴張、虛擬經濟衍生工具擴張，都是為求適應相礙的手段，也即是在局限下適應自己的生存條件。這些手段就含有麻痺生產國的因素。

在西方人文思想擴張的影響下，歷史都可以改變，鴉片戰爭本來就是不正義的侵略戰爭，可是事到如今，在中國一些名學者的筆下，就變成是英國人想幫助中國，幫助中國人改變帝制的戰爭，租界只是推行這改變的據點，販賣鴉片只是「歷史的巧合」。你看，英國人給打扮得多漂亮。無他，只是因為我們相信西方人文精神的推銷。所以崇拜民主自由的概念，從而可以改變歷史的本質。這就是成功的麻痺了。

如果能丟開名言與概念來看相礙，作為生產國的中國，就要考慮自己的適應。達爾文其實就已經提出，「適者生存」。

所以目前要考慮的是，如何將消費國手頭的衍生貨幣（如債券）換回物資；如何打破西方人文精神的神話（將設故宮的「星巴克」趕出故宮，已經可以說是起步，從這事件，可以看到我們的人文精神尚未完全喪失）。

　　在具體做法上，人們可能會提出許多疑問，例如耽心經濟增長受損、耽心出口貿易、耽心外匯儲備損失等等。他們實在忘記了我們的人文精神有一句擲地有聲的說話：「船到橋頭自然直」。事實上，美國不可能任由債券崩潰，他們的國民生活亦實在依賴生產國的人力與資源，所以生產國為求自身的適應相礙而採取一些行動，絕不可能反而損害本身，充其量只是數字上的倒退，以及虛假貨幣在數字遊戲中的損失而已（可以說，長期來說，持有一安士黃金，甚至持有半安士黃金，都比持有一千美元好，比持有一千元債券當然更加好）。

　　能這樣來看事件，就至少會警惕到自己生存的相礙。能正視相礙，就不會認為自己可以成為西方虛擬經濟、貨幣主義遊戲中的贏家（有哪一個賭徒可以在賭場中得利）。

　　附記：本章曾收入《四重緣起深般若》一書，現在移入，已略作增補。老年眼昏，成書維艱，尚希體諒。作者記。

後記

上篇完稿之日，恰為書首提到的人逝世四十九日之期，這一天，世俗稱為「尾七」，說為「投胎」的日子。本書恰於這天完稿而非刻意安排，也許有特別的意義，莫非是如來藏教法的重生！

這位亡者名黃品端，人稱之為「品姨」，法號「大品」，有二十年的歲月照顧我的飲食起居。初時只來半日，及至西元一九九六年，便已儼然成為我的管家。她跟隨我寫字寫畫，可是當我作觀修時，她卻要忙着去處理家務，每天還要烹調三餐，所以觀修的時間很少。這一點，是我對她的辜負。

我到北京與杭州，其時她已帶病，卻堅持要陪我旅行，終於發病，歿於香港，未能隨我回加國客寓。香港是她的出生血地，這或許可以算是狐死首丘，不是客死異鄉。

對她，我的懷念自然深切，然而卻亦無言。

大品很關心如來藏教法的傳播。她知道，我近年由四重緣起來說如來藏，其實已經是將一個「甚深秘密」的教法公開，因此她非常耽心我會有些甚麼際遇，因為依傳承所說，這樣做，在世法上會招來很大的是非誹謗，受身邊的人懷疑與離棄，甚至會惹來災難，例如遍照護祖師，即被判死刑，躲在地窟二十年，最後遭到流放。她今天終於離開我，會不會也可以算是傳承所說的兌現，一種善淨的離棄。

然而如來藏的教法卻不得不說，這是敦珠法王無畏智金剛於西元一九八四年對我的授記，鄔金甯波車與羅時憲居士是授記的證人，將如來藏教法作明白的闡釋，從那一天開始便已成為我有生之年的任務，所以，我無意對任何宗派、任何人挑

戰，我只是傾一己之所學，將如來藏思想說清楚而已，亦並非以甯瑪派的教法為獨尊。

我還有一個想法，如果傳承所說當真，那麼，總要有一個人去承當公開傳播教法的危難，既然受命，那便只好讓我個人去承當好了，從此，後人就可以研究、觀修、現證並且弘揚這個法門而更無危難。這個法門亦並非只對藏傳佛教的人有益，對漢傳佛教的禪宗與淨土宗，在修學上應該亦有幫助，甚至在世間生活，也可以令人思憶明辨而處事，堂堂正正而立身，發展一己事業而有利於社會，那就不會落入名言的縛束，以致盲目崇拜西方思想，遺棄了傳統文化，並從而導致民族將遭受眼看不見的損害。說老實話，我現在真的有點耽心，中國人雖然管治領土，發展下去，會不會變成只是管家，領土的利益卻已屬於他人。

雖千萬人，吾往矣。我縱然不是臨危受命，也算得上是責任承當。

期望這篇文字，能令人明白如來藏思想的精髓 —— 第一，要層層打破概念來見真實。第二，要了知智識雙運的境界，識不異離於智，智不受染於識。

能掌握這兩點，你縱然不學佛，亦已生活在如來法身功德裏。

像大品，她的晚期生命，其實已經滲透了如來法身功德。

談錫永
已丑年閏五月廿九日於圖麟都

第二篇：哲學東西

——用如來藏評價西方哲學

哲學東西
—— 用如來藏評價西方哲學

　　筆者在一些大學講如來藏，一定會碰到一些質疑，談到怎樣用西方哲學來理解如來藏、認識論、存在主義等等。

　　這其實有些誤解。如來藏思想並不是由哲學的層面來建立，它只是一種作為觀修依據的思想，也就是所謂「見地」。因此，它並未說西方哲學的內涵，例如邏輯、倫理、美學、政治、經濟等等，甚至連形而上學都不是。它只是佛陀所說的最究竟見。佛陀還用其他的見地來說過許多法，例如般若、中觀、瑜伽行、唯識、四諦、十二因緣，數不勝數，其實都可以把這些見地總歸為如來藏的「法異門」。也即是說，佛是用各種不同的觀點，循序漸進地來表達這最深刻的思想。

　　這深刻的思想，當然也可以涵蓋東方的哲學，如儒家與道家；可以涵蓋西方的哲學，如唯心與唯物。但這思想卻不是依哲學的模式來表達，倒可以說，儒家、道家，唯心、唯物是它的法異門，即是從不同層面來表出如來藏的種種思維。

　　正因為如來藏思想的涵蓋面廣，甚至可以說是廣大無邊，因此佛陀的證悟境界（佛內自證智）才說為「一切種智」。

　　這即是說，我們可以用如來藏思想來評價東方、西方的哲學；可以在日常生活中用如來藏思想來觀察政治、經濟，以至個人的生活態度，但卻不可用儒家、道家；唯心、唯物等觀

點來解析如來藏、建立如來藏。

　　如果像那些大學生一樣，一定要用西方哲學的概念來定義如來藏的話，我們只能說，如來藏思想其實是唯物辯證的。習慣於用說「空」來理解佛家的人，一定不會相信，因為他們已慣於落入心識的層次來理解佛學，很難把「空」與心識理解為唯物。然而事實卻確然如此，無可諍論。

　　簡單地說，如來藏就是「智識雙運界」。佛的內自證智是一個無所不包的智境，如果要形容，勉強可以用近年西方研究的「全像宇宙」（Holographic universe）來幫助我們理解。我們三度空間、一度時間的宇宙，在全像宇宙中只是無垠沙漠裡的一顆沙，至於我們自以為偉大的地球，更是這顆沙上百千萬億分一的一個質點。所以，對於這個如來的智境我們只能說「不可思議」。

　　我們看不見這個智境（所以西方的哲學家、科學家、腦神經學家也沒法看到他們假設的「全像宇宙」），幸虧，智境上卻遍滿生機，令各種不同時空的世間與生命得以生起，我們把這種種世間稱為識境，在一個識境中的生物，可以看見自己的識境世間，就憑藉這可見，我們間接地認知了智境（還不是看到）。

　　佛家就把這智境稱為「如來法身」（有時候又稱為「法界」、「法性」），把智境的周遍生機稱為「如來法身功德」（有時又稱為「大悲」、「大樂」）。

　　智境上有識境自顯現，那就成為一個「智識雙運界」。

　　怎樣去認識這些智境上的識境呢？

　　首先，它們是「隨緣自顯現」，跟隨着緣起法則，條件

滿足了，世間就可以自行顯現出來、生命也可以自行顯現出來。

　　其次，住在一個識境世間裡面的人，看自己的識境世間，絕對真實，一切物質都真實，所以這是唯物的觀點。如果你問心識呢？心識也真實，但它們卻只是感知物質世界的工具，怎樣去感知，那是另一回事（唯識學研究的就是這回事），主要的是，心絕對不是物質的主人，物質有它的客觀存在，因為任何物質（連一塊岩石都有它的生命）都是識境自顯現，人不能說，我的心識決定一塊岩石的存在。

　　還有，我們還要認識到，當遠離一個識境時，回頭再看這個識境，所見到的，就不像我們處身識境來看識境的那個樣子了。這一點，在古代無從證實，只能是禪定的境界。我們這一代人有福了，量子物理學的「全像」研究，證實了這一點。用特殊方法來攝影一個蘋果，放在「全像」的層次（等於離開我們識境的層次），蘋果變得不是蘋果，也無法說它變成甚麼。這是如來藏思想認為理所當然的事，因為假如我們說得出它是甚麼時，那便還只是識境的變形，還不能說是遠離識境之所見。

　　從這離識境的層次來定義，我們就可以說，我們看到「實相」了，那也叫做「真如」的境界。我們還可以立足於離識境，把識境中人看見的識境，定義為「空」（不實在）。這就是辯證了。

　　就是這麼一個智識雙運的境界，我們就稱之為「如來藏」。因此，一切識境絕對真實，但也同時（是同時）不真實。真實同時不真實的識境就是這樣在法界中存在與顯現。

你看，怎樣能用哲學的理則來建立它呢？我們實在不能只站在識境上來說明它，甚至不能理解它。既不能說明，又不能理解，還有甚麼哲學可言。

但是，如來藏思想卻可以評價哲學，尤其是西方哲學。看它們對實際智識雙運的境界，到底認識到甚麼程度，其認識又有何優勝。這不是自大，反而是謙虛。廣大的思想，從局部來充實全體，就不能說是自大。

那我們就從希臘的哲學開始罷。

一　蘇格拉底

希臘第一位大哲學家當然是蘇格拉底（Socrates, 469-399 BC）。如果看過他的塑像圖片，就會想像在希臘城邦雅典的廣場，有一個身穿簡樸舊衣的人，禿頂，圓臉，深眼，鼻孔朝天，粗壯的身子，看起來像個勞工，但卻悠閒地在草地上散步，不時撩年青人說話，幾乎每天都是這樣。

他以甚麼為生活來源呢？歷史沒有記載。也許那時正當雅典的繁榮時代，雅典得天獨厚，位於希臘最東方的海港旁邊，是希臘與小亞細亞交通的門戶。那時小亞細亞非常興盛富有，它的商品以奢侈品為主，剛好能滿足新興的希臘，雅典因此也就成為希臘最富庶的城邦，所以就可以產生一個蘇格拉底，同時可以養活他。大城市往往可以養活許多閒人。

蘇格拉底自己說，他的智慧就是無知，而且知到自己無知。因此他並不向年青人說教，只是提出問題，甚麼是道德、甚麼是上帝、甚麼是自然，諸如此類。當年青人回答

時，他又由他的答案再提出問題，如是問題一個接一個提出，最後，跟他對話的年青人就能自己悟出一些道理。

所以他的身邊常常聚集着一群年青的學者，他們之間有貴族，如柏拉圖（Plato, 427-347 BC）；有富家子弟，如阿爾詩底亞（Alcidiades, 450-404 BC）；也有貧無立錐的亞力士底帕（Aristippus, 435-356 BC），是雅典出名的無政府主義者。如是一群青年，對蘇格拉底各有傾心。

拍拉圖和色諾芬（Xenophon, 430-354 BC）都紀錄過蘇格拉底的一些跟年青人的對話，由於蘇格拉底沒有著作，所以這些對話錄就成為理解這位哲人的唯一素材。根據紀錄，每次對話不會超過三個人，不過有些會有人中途加入，但亦有時會有人中途退出，場面一般都很熱鬧，場地則多在廣場神殿的一角，有時則在一些富裕人家的客廳。

柏拉圖記錄過這樣的一次會談 ——

在一個貴族家中，聚集了幾個人，其中一個是詭辯家。

蘇格拉底首先向一個人發問（他從來只是發問）：「你以為財富帶來的最大幸福是甚麼？」

那人答道，財富能令自己成為一個既慷慨，又誠實，而且公正的人。蘇格拉底於是便請他說明，「公正」的意義是甚麼？

於是便展開了熱烈的討論，每個人都想給「公正」下準確的定義，蘇格拉底則把他們的說法一一推翻，那個詭辯家忍不住了，向蘇格拉底咆哮道：「這算甚麼遊戲！你們為甚麼笨到拜倒在他腳下。你想知道甚麼叫做公正，就應該自己說出自己的意見來討論，而不是不斷提問來駁倒別人，還沾沾自喜。

能問而不能回答的人，多得很！」

　　蘇格拉底不管他，繼續向人提出問題，然後忽然出其不意向這詭辯家發問，請他為「公正」下定義，他也就發表了一篇宏論（後來有人認為，這篇宏論其實是柏拉圖自己的意見），當中有一段說話——

　　法律本來是用來保護人民利益的，而他們用之以加於人民身上，聲言這便是正義，並且把違反者說為不正。

　　這類似柏拉圖對雅典法庭的指控。雅典法庭由五百公民成立，以不敬神為理由，判處蘇格拉底的死刑。蘇格拉底本來有機會逃走，可是他拒絕，坦然接受一杯毒酒。這件事，觸發柏拉圖成為後來反雅典式民主的鬥士。雅典城有六十萬人，公民有十五萬，他們的民主即是隨時按姓氏字母抽籤，抽出一千人來議事，由是決定城邦的命運。如今西方一談到民主精神，就以二千五六百年前的雅典民主自豪。

　　然而無論如何，柏拉圖記錄蘇格拉底的辯論方式畢竟可信。

　　還有一個對話紀錄。

　　蘇格拉底問：「皮鞋破了，找誰去修理？」有人答：「皮鞋匠。」蘇格拉底又問：「木桶破了呢？」人又答道：「當然是木匠。」蘇格拉底於是又問：「國家這條船壞了，找誰去修理？」這樣一來，又引起熱烈的討論。

　　這種談笑間引出真理，問而不答的方式，不是蘇格拉底自認的無知，恰恰相反，正是我國禪師的風格，這可以從《指月錄》引一段公案來證明。

　　溈山靈佑、五峰常觀、雲巖曇晟三人侍立，懷海禪師問溈山：「閉上咽喉嘴巴，怎麼說話？」溈山答曰：「卻請和尚說話。」那是把難題交還師傅，太聰明了，懷海於是對溈山說：「我並非不跟你說，只怕以後喪失了你的兒孫。」意思是，我說了，你一無所得，以後就無法由證悟境界來教徒子徒孫。

　　懷海又問五峰，五峰答：「和尚你也應該閉喉閉嘴。」懷海說：「在無人處，我手搭涼棚來望你。」此答大有禪意，手搭涼棚來望人是窺探的意思，這句話即是說：在無人處我才窺探你的深淺，因為你的答語可能是證悟，但也可能是口頭禪。

　　最後懷海更問雲巖，雲巖說：「和尚有也未？」懷海說：「喪我兒孫！」因為懷海認為雲巖答的是口頭禪。

　　你看，這宗公案像不像蘇格拉底的對話？

　　所以我們可以說，蘇格拉底有如一個開悟者，大有禪風。佛家的開悟，並非只說出離，塵世間事無大小，無一不是智境上的識境隨緣自顯現，因此飲茶吃飯、寫畫下棋，以至國家民族，無一事能離智境、能離如來法身、能離如來法身功德，對已證悟如來藏的人來說，他們可以隨時憑直覺就明辨是非。不壞如來法身功德，不昧如來法身者即是正，是為是，相反者即是邪，是為非。蘇格拉底雖不可能悟入如來藏，但他卻已悟入識境的深處，這境界很難表達，唯有閉上喉嚨嘴巴，只問不說，讓給問的人自己去體會是非。

　　蘇格拉底說：「理想只存在於一個智者才能瞭解的世界。」這就是只能感知而難以表達的認知境界了，放在佛學的

層次就是禪。

　　所以他不著作，有些人因此懷疑他是文盲，這些人實在不瞭解這位智者。他也從來沒長篇大論去說明一個哲學問題，我們已經說過，悟境只是直覺。他說，他依賴一種只有他自己才能聽到的聲音來分辨是非，那就是悟境中的直覺成為一種慣性的徵兆，只是他卻將之稱為魔鬼的徵兆、天神的錯亂。

　　他對哲學的認知，既然是悟入的境界（當然不是禪的悟入），那麼根本就無法加以描述。若一定要說出他的立場與觀點，那就唯有在柏拉圖的著作中去找。

© Jastrow / Wikimedia Commons

蘇格拉底

二　柏拉圖

　　柏拉圖（Plato, 427-347 BC）崇拜蘇格拉底，色諾芬雖然也是熱愛蘇格拉底的學生，但他卻有時會對老師加以諷刺。他們兩個人都有紀錄蘇格拉底的對話，可是，哪一個人的對話更可信為真實呢？有一種意見是，色諾芬比較笨鈍，因此他的紀錄可能忠實一點，因為笨鈍的人轉述別人的說話時，不會添油添醋加上自己的意見。

　　但是，最少在柏拉圖早期的對話錄中，可以呈現蘇格拉底的原貌，因為這些篇章（如《伊壁鳩魯篇》、《申辯篇》等），是蘇格拉底面臨死刑審判的對話，柏拉圖不應該在這時期代替老師發言。

　　在這些對話錄裡，突出了蘇格拉底的一個思想：身體是靈魂的監獄。只有在靈魂進入身體之前，這靈魂才屬於「理念」（ideas），在這時候，靈魂才可以真正地看清事物的真實（實在），而不受人世的陰影與概念所蒙蔽。

　　那麼，人世中的智慧又是如何形成的呢？蘇格拉底認為，那是「回憶」，靠回憶人就可以將理念所認知的真實，重新帶入在軀殼中的靈魂，由是人的靈魂恢復了理念，人就獲得智慧。

　　所以當蘇格拉底在獄中受刑服毒時，他對來送他人生最後一程的學生說：「我死了，你們活着，誰更幸福，只有神知道。」這種對待死亡的態度，不是出於禪者的灑脫，而是出於對靈魂住於理念的確信。

　　這是我們可以確知的蘇格拉底的哲學。

　　柏拉圖顯然承繼了這一點，所以在他的哲學範疇中，理念是很重要的元素。

　　在蘇格拉底服刑之後，柏拉圖強烈反對雅典的民主政制，因此受到警告，要離開雅典流亡，那年他二十八歲。十二年後歸來，他已經四十歲了，正當人生的盛年，因此寫下了大量著作，尤其是他的《共和國》（*The Republic*），成為他的代表作。書中有雅典鄰邦斯巴達的影子，例如主張將體弱的嬰兒消滅，這種優生學便是斯巴達的現實。這可以說明，柏拉圖在十二年流亡生活中，充實了自己的「靈魂」，因此成熟了他的哲學。可是，無論他在這本代表作中，怎樣發揮他對政治、對倫理、對心理的哲思，思想中可能有斯巴達、有埃及，甚至有小亞細亞的元素，但始終擺不脫的就正是蘇格拉底所說的理念，以及將知識看成是回憶。

　　我們可以這樣說，柏拉圖哲學的基礎，是「實在」（reality）與「現象」（phenomenon）的區別。

　　甚麼是理念呢？他舉例說，當我們說「貓」的時候，是普遍性的，指的是貓的共性，在貓的共性下定義出來的生物，就是詞語中的「貓」了，這共性不會因這隻或那隻貓的死亡而死亡。因此，「貓」是永恆的，沒有時空的定位，所以這就是「理念」，由這理念表達出來的「形式」（form）就是「貓」。

　　從形而上來說，「貓」是理念的貓，是完美的形式，因為「貓」的形式完全符合理念。這也即是「由神創造出來的唯一的貓」。至於說「這隻貓」或「那隻貓」時，這些貓只分享「貓」的部份共性，因此是不完整、不完美的，所以

只有理念、形式的「貓」才是「實在」,而個別的貓則只是
「現象」。

他等於是蘇格拉底所說那樣,認為未進入軀殼監獄
的靈魂能夠認識實在,一進入軀殼,靈魂就只能認識現
象。前者是理智世界(intellect world),後者是感覺世界
(sensible world)。對理智世界的認知才可以稱為「知
識」(knowledge),對感覺世界的認知只能稱為「意見」
(opinion)。

一般人給意見蒙蔽,見到一個現象,有一個意見,見到
另一個現象,又改變成另一個意見,那便是受虛幻的日常世界
所騙。正因這樣,柏拉圖便不得不遵從蘇格拉底之所說,智慧
要靠回憶。因此他說,知識只是回憶。

如果用如來藏思想來作評價,柏拉圖的哲學與蘇格拉底
相比,顯然已落第二乘。

蘇格拉底說,靈魂要離開軀殼才能看到實在,可以這樣
解釋:一有軀殼,靈魂連同這軀殼就變成「我」,有了我,立
即同時便有了「我所」,我所見、我所聞,以至我所思等等。
因此人站在自我的立場來觀察事物,其觀察之所得便只是他由
自我出發所得的概念,那就見不到事物的實在。

這是用佛家觀點來對蘇格拉底哲學的詮釋,依佛家的慣
例,若在詮釋上與佛學無相違,這詮釋的對象就可以成立,因
此我們可以這樣說,用佛學不能否定蘇格拉底。雖然可以同時
指出,他假設靈魂進入軀殼即成為自我,只是世俗的觀點,本
身已非實在。所以他的哲學實只建基於世俗,不能說為絕對真
實。

© Marie-Lan Nguyen / Wikimedia Commons

柏拉圖

　　柏拉圖呢？他的說法其實等如是說佛家的「總相」與「別相」。然而佛家說的總相，是一切事物（法）的共性，別相則是事物的各別特性，例如水的濕性、火的熱性。現在他所說的「貓」，則只限於貓的總相，非泛指一切事物，因此只能說是「別相的總相」（貓相這別相的總相）；他所說的這隻貓、那隻貓，則是「貓這別相的別相」（貓相的各別相）。所以他討論的範圍不只落於識境（落於世俗），而且還落於「分別」，只分別為貓，而不能超越「貓」這個概念來成立一切事物的總相。

　　這樣比較，可以說蘇格拉底未建立分別，只建立有我與無我兩種觀察，因此雖落於世俗，但卻只是現實。柏拉圖則落入分別的層次，那便是企圖由分別心來建立實在，是故其實在便亦非實在。

　　或者有人會這樣為柏拉圖辯解：他只是以「貓」為例，其實他也泛指一切事物，各各具有它的理念與現象。然而不然，柏拉圖絕對沒認為「貓」的理念同於「狗」的理念，更不能說「貓」的理念同於一切事物的理念，這就是分別了，分別貓與狗，分別一切事物。

　　如來藏思想的總相則不同，無有分別。識境既然是智境上的自顯現，因此識境中一切事物的本質，便都是智境性，稱為「法性」。所以法性便是一切事物的總相。

　　筆者對於如來藏常用一個譬喻，智境譬如電視螢光屏，識境則譬如螢光屏上的影像。因此，若問那些影像以甚麼為總相，便可以說，那就是螢光屏性，因為無一影像不具有螢光屏性，離開螢光屏無一影像可以成立。由這譬喻，我們便理解所謂法性是甚麼一回事。

　　蘇格拉底雖然未必到達悟入法性的層次，但他至少理解，住在螢光屏裡面的人看螢光屏世界不能得到真實，而柏拉圖則認為，不能得到真實不是因為基於「自我」的局限，只是因為我們未看到全體。由是就有智者與庸人的分別，智者有知識，庸人則只有意見，因為智者懂得理念（形式），庸人則只懂得現象。

　　所以在他的理想國（Utopia）中，只有哲人才能做統治者。這個理想，結果在現實中給他帶來了災難。

　　西元前387年，西西里島的統治者戴安尼薩（Dionysius, 432-367 BC）邀請柏拉圖到他的宮廷，將他的王國改造為理想國，柏拉圖去了，結果戴安尼薩馬上發現，如果照柏拉圖的計劃，他必須變成一個哲學家，否則便要放棄王位。於是柏拉圖

被賣為奴隸，幸虧他的一個學生把他買回來，送他走。

　　在這裡，我們沒有評論他的全面哲學，只評論他的哲學基礎，對他也許不公平，然而我們這裡並不是一本全面介紹哲學家的書。

三　亞里士多德

　　柏拉圖尊崇他的老師蘇格拉底，可是他的學生亞里士多德（Aristotle, 384-322 BC）卻並不尊崇。拉斐爾（Raphael, 1483-1520 CE）所畫的雅典學院，柏拉圖手指向天，象徵他認為智慧來自理念的完美形式，亞里士多德則手指向地，象徵他認為知識來自對人間的觀察與經驗。既然如此，難怪師生二人產生分歧。

　　由蘇格拉底到亞里士多德三代，可以說是愈來愈世俗了。現在我們且討論一下柏拉圖與亞里士多德的分歧。

　　依照柏拉圖的說法，「理念」即是一個普遍的「形式」（如「貓」），因此，它便只可能是一個性質，或者是事物之間的關係。然而怎可能用這樣一個理念與形式來定義神呢？神不可能是一個性質，更不可能把他說成是靠世間萬物的關係而存在。所以柏拉圖要彌補自己的說法，說普遍性的理念可以獨立存在，不必依靠個別的事物。例如說「至善」，不必有至善的人，卻應該有「至善」這理念存在。這樣一來，神便是理念的形式，而除他之外，不須更有別性（各別的貓）的存在，亦不須要依靠與各別的貓作聯繫而成為存在。

亞里士多德反對柏拉圖的說法。他說：沒有不能聯繫存在事物的普遍者。即是說，假如普遍者（貓）存在，他一就是，自己即是特定者（這隻貓、那隻貓），要不然，他必須與特定者有關係，例如「貓」即與各別的貓有關。因此，他下結論說：如果一個普遍者無法被斷定為存在的客體，那麼他就不可能存在。

© Jastrow / Ludovisi Collection / Wikimedia Commons

亞里士多德

亞里士多德也反對柏拉圖的形式世界。形式世界超越人世，只是理念，但亞里士多德卻認為普遍者實存在於個別事物之內（「貓」存在於這隻貓或那隻貓之內），所以不能說有「實在」與「現象」的區別，只能有「實體」與非物質的存在。

他說，實體（being）是形式與物質的結合。例如磚瓦木石是質料，房屋則是形式，由此結合便成為建築物這一實體。

可是，還有更高層次的說法，因為進一步由形而上學思

考，則形式也可以成為質料，由是發展出更高的形式。例如「成年人」即以「小孩」為質料，由是發展為更高的形式。遵循這個規律，所以就有最高形式的神。

你看，亞里士多德可以否定柏拉圖的抽象理念來建立物質性的神，所以文藝復興時代以前的中古哲學家，便既可以由柏拉圖來建立上帝，也可以由亞里士多德來建立上帝。可是卻無人能用蘇格拉底的學說。

雖然如此，如果將神說成是物質那到底有些不便，因此對於神，亞里士多德便用物質的運動來解說了。他說，有一個運動造成無限的形狀，因此才有我們這世間，這個運動亦一定有一個源頭，即是運動的最初發動者，他是一個無形狀、不可分割、不佔空間、不生變化、無性別、無情慾的永恆存在，而且是極完美的存在，這就是神。神不是世界的創造主，但卻是世界的發動者。他是大自然的究竟因，是萬物的動機與目的，是世界「形式」生命的法則。後來經院哲學（scholastic philosophy）將這「發動」稱之為「純粹活動」（actus purus）。

柏拉圖的神是主觀的精神，亞里士多德的神則是客觀的物質。他們都將之視為最高、至善的存在，所以即是精神與物質的分野。但卻不能說柏拉圖純粹唯心，因為理念的形式有物質性，亦不能說亞里多德純粹唯物，因為他的質料也可能是抽象的形式。

亞里士多德研究的哲學範疇廣大，尤其是自然科學更是他的專長，在邏輯學上他亦有重大的建樹，所以要用如來藏思想來評價，亦只能評價他形而上學這一部份，可惜，這正

是他最弱的一門。

他用「實體」來否定柏拉圖的「理念」，表面上好像用唯物來否定唯心，可是，卻不能像印度哲學家那樣，乾乾脆脆用地、水、火、風四大來做質料，卻將用質料所成的「形式」也說成是質料，這是令人費解的。怎樣將一間房屋當成質料呢？他沒有解釋。

所以，他有如螢光屏中的人，想證實螢光屏上的影像世界為實體，並且還要建造非物質性的實體，因此才有他那套令人費解的實體理論。用佛學來評價，他是混亂了緣起（令物質如何變為真實的規律）。

他形而上的建立，極有可能是為了超越柏拉圖而建立。他一生富裕，十八歲時跟柏拉圖學習，離家住近學園。他出身醫藥世家，因此喜好自然科學，柏拉圖的哲學可以啟發他對自然界的沉思，因此一直在學園學習，直至柏拉圖逝世，計二十年之久。這時候，他其實已經想超越柏拉圖，天才學生想超越天才老師，是很自然的事，因此連柏拉圖都說：亞里士多德是隻吮盡了母乳然後將母驢踢開的小驢。

他運氣好，視他為亦師亦友的貴族赫米亞斯（Hermias）成為一個城邦的統治者，把他邀去，並將胞妹嫁了給他。接着，馬其頓菲力浦（Philip）又聘請他教導王子亞歷山大（Alexander, 356-323 BC）。據說後來亞歷山大稱帝，遠征中亞，建立龐大帝國後，給了老師一筆巨資，可能相當於如今的一二千萬美元。所以亞里士多德才可以悠閒地建立他的「逍遙學派」，要研究生物，就可以將凡能搜羅得到的動物買回來，供學生研究，氣派之大，超過他以後的任何一間學府。

　　這樣富裕而且好運的哲學家可以說是絕無僅有,他怎能不挖空心思來超越柏拉圖呢?所以亞里士多德的成就,絕不在形而上學、倫理學、修辭學方面,這對他來說都有點勉強。所以他雖然反柏拉圖,將物質說為實在,但卻始終要走入唯心,將形式當成物質。由是最高的「實在」依然是離開物質的形式,神。至於他建立的神的純粹活動,更成為其後經院哲學家的養分,營養出羅馬教廷的上帝。

四　彼羅、伊壁鳩魯

　　前面討論的古希臘哲學,可以說是希臘城邦時期的哲學。亞里士多德之後,便是馬期頓(Macedonia)時代了。馬其頓的亞歷山大於公元前334年至324年這十年間,征服小亞細亞、敍利亞、埃及、巴比倫、波斯、大夏、印度旁遮普,成立了橫跨歐、亞、非三洲的龐大帝國,他足跡所到之處,都建立希臘式的城市,於是希臘文化便能跟巴比倫文化、印度文化、拜火教的文化交流。這時期,恰恰是印度佛教的盛期,希臘哲學可能也因此多了一點佛家思想。

　　不過,在馬其頓時期的希臘,更大的成就在於數學和科學,在哲學方面,雖有犬儒主義(Cynicism)、懷疑主義(Skepticism)、伊壁鳩魯(Epicurus, 341-270 BC)學派、斯多噶主義(Stoicism)等充場,但無論如何都比不上城邦時期。

　　然而,這些哲學卻孕育了西元三世紀的新柏拉圖主義,同時,也影響了羅馬,為基督教的勝利鋪路。

　　與懷疑主義差不多同時,還有一個犬儒學派,他們禁欲、苦行,主張返於自然,因此不要政府,不要私產,不要

宗教，也不要婚姻。他們生活苦得像一條野犬，由是得名（Cynic 即是「如犬」）。這一學派會不會受到印度小乘苦行僧的影響，倒是值得研究的事。然而釋迦卻實在反對苦行，認為苦行不是生活的中道。

犬儒學派有些學說被斯多噶學派所承繼。

至於懷疑主義，由彼羅（Pyrrho, 360-270 BC）開創，他曾參加過亞歷山大的軍隊，到過印度，所以他的學說有佛家哲學的痕跡，例如他最著名的懷疑是對感覺器官的懷疑，那就有濃厚的佛家色彩，同時，也就很有所謂認識論的意味。

佛家從來沒認為感官知覺真實，眼之所見，並非光是眼球的功能，要通過眼識、意識的綜合作用，然後才能成為影像，然而這影像卻並不真實。至於大乘唯識學（那時還沒成為宗派）所說則更加複雜，牽涉到見分、相分、種子、現行等一系列機理，總而言之，感官之所知絕對不真實，這就發展到主觀唯心的範疇。至於如來藏思想，則主張「唯心所自見」，心識感知如何便是如何，那就是返回客觀現實了。

彼羅對感官的懷疑，也影響後來西方哲學的主觀主義，這一點也就不深談了。我們只須認識懷疑主義的一句名言，就大抵明白他們的懷疑是甚麼一回事。這名言是：「蜜糖是甜的，我決不肯定；蜜糖看來是甜的，我完全承認。」一切只是「看來如此」，不可以「是如此」，那就包括懷疑主義的全部。

這一點，也許跟釋迦所否定的「方廣道人」合拍。這些持唯空見的佛教徒，認為一切事物都空無，因此只是「看起來」真實，並不能說它「是」真實。

　　由此種種跡象，筆者懷疑彼羅在印度時，可能聽過小乘行人說法，由此觸發他的懷疑論。

　　公元前311年伊壁鳩魯創立了他的學園，這或者可能算是他的學派正式成立。當學園遷至雅典時，學員人數劇增，甚至有奴隸和妓女加入，因此受到誹謗。其實他們生活得異常刻苦，日常的食物只是麵包和水。伊壁鳩魯寫信請求幫助，因為他想宴客，要求的也只是一些乳酪。

　　伊壁鳩魯的倫理學似乎很簡單，就是要求生活得寧靜，善就是快樂，甚至只是口腹的快樂（乳酪的味道！）然而他畢竟推崇心靈的快樂，人可以只看快樂而不看痛苦，所以心靈的快樂可以控制，這或許即是用理智來創造快樂。他臨死前寫的一封信說：「我的膀胱病和胃病一直纏綿，但是我心裡卻追憶着跟你傾談的快樂。」

　　這種心靈快樂的提倡，或許正是他的學園能吸引奴隸和妓女來加入的原因。

　　但是他的心靈快樂卻強調要禁慾（可是他卻喜歡孩子！）所以在倫理上便只剩下了朋友。他認為宗教是會令人發生恐懼的，朋友則能帶來溫情。

　　對於宗教，他質疑上帝，那是很著名的「伊壁鳩魯困惑」——

　　如果上帝願意阻止邪惡，卻不能阻止，那麼上帝即非全能。

　　如果他能阻止卻不願意阻止，他便是邪惡。

　　如果他願意阻止又能阻止，那麼，為甚麼還有邪惡呢？

如果他不願意阻止又不能阻止，那我們為甚麼要稱他為上帝！

這質疑可能受到蘇格拉底的影響。在《對話錄》裡，蘇格拉底跟尤費弗羅（Euthyphro）對話，即提出一個「兩難」——

好的事物之所以好，是由於上帝指定它好。

上帝規定一些事物為好，是由於事物本身好。

這兩句話只能取其一。當取前者時，那麼就可以推論：壞的事物亦出於上帝指定；同時還可以推論，好的事物亦可以被上帝指定為壞。如果取後者，即等如說，上帝並未創造好的事物，因此上帝的存在實無意義。

這些提出來的「困惑」，其實都是對上帝的否定。

甚且，伊壁鳩魯是位唯物論者，他依着古希臘哲人的信仰，認為構成這世界的只有原子和虛空，可是他卻反對具有宗教意味的必然性，因此他主張，原子在虛空中的運動軌跡並非必然直線下墮。這一點，他似乎預見了粒子物理學和量子力學的研究。

他最精彩的說法，是用原子來說靈魂。靈魂是物質，是由呼吸和熱那類原子組成，靈魂原子可以分佈全身。人的感覺是身體放射出去的一層薄膜，它一直與靈魂原子接觸。人死後靈魂消散，原子則仍然存在，只是沒了感覺。

這說法，佛家可以認同。在伊壁鳩魯時代，小乘佛教用「極微」來解釋物質的組成，同時也說空和空性，而且說「極微」也是空的，這說法大約始創於西元前六百年，很可能通過

小亞細亞影響到希臘，到馬其頓在印度建國時代，米蘭王皈依了佛教，極微與空的學說便可能再度由印度傳入希臘，這或者即是伊壁鳩魯的思想來源。

　　至於靈魂學說，如來藏思想承認法界有生命力，人的生命力叫阿陀那（Adana），這或許可以希臘化，說成是呼吸與熱的微粒。有希臘哲學家強調呼吸不同空氣，這即是具有生機與不具有生機的分別。

　　然而伊壁鳩魯之所說，只得佛家所說的外義，大乘佛教說極微的精要在於說「空」，這「空」卻並不指空間，至於說生機，則說之為如來法身功德，稱為大樂，在觀修上具有深意，這些都不可能為伊壁鳩魯所知 ── 或許他強調靈魂的快樂與大樂思想有關，是亦未可料。因為佛家的大樂思想在釋迦時代已有演述，只是到了西元一世紀才開始流傳它的觀修。

Raffaello Sanzio / Wikimedia Commons

壁畫・雅典學院

五　芝諾

斯多噶學派的創始人是芝諾（Zeno, 334-262 BC），他主張唯物，可是這學派發展下去，起初是吸收了「新柏拉圖主義」，慢慢變成唯心，然後便又被基督教的神學吸收，那就再不是芝諾的哲學了。

芝諾是個極度主張無情無慾的人，只是他的思想比伊壁鳩魯更東方，可惜只得到東方思想的皮相，他不但主張無慾，還主張無情，人要控制情感與意志，這或許是他從佛家出世思想得出來的結論。然而這卻不是釋迦牟尼所鼓勵的。芝諾那時雖然還沒有系統地宣說如來藏思想，但他的教法卻一直依循著如來藏思想的理路，依次第來宣說，因此，如來藏不否定識境的功能，釋迦也從未否定過現實生活，出離世間只是要認識「無常」、「無我」、「涅槃」，從沒教人要壓制自己的意志，更沒有教人家無情。

如果將芝諾的思想跟伊壁鳩魯比較，可以這樣說，芝諾是用悲情的沉默來應付人生的憂患，伊壁鳩魯則用心靈的快樂來應付。

由於斯多噶學派的延續時間太長，一千多年，而且屢經轉化，所以我們不準備評價他們的哲學，否則恐怕便會變成寫一本基督教的神學史，而且評價神學完全不是這本小書的目的。對於芝諾，說到這裡也就夠了，我們不如走馬看花地看看，由亞歷山大之死（西元前323年）到文藝復興時代這一千多年西方思想的大概。

六　一千年的歐州黑暗時代

　　亞歷山大可能由於童年時受過柏拉圖的教導，加上那時歐洲的文化背景，他雖然攻打希臘，但卻十分嚮往希臘文化，他想將希臘文化傳入東方，用以教導這些沒教化的東方人。因此他一邊打仗，一邊打造佔領地的希臘文明。結果呢？他死後的一百年，東方思想迅速傳入西方。東方幅員廣大，文化深厚，那時中國已是戰國後期，面臨統一，早已經歷過百家爭鳴。印度則距釋迦圓寂已二百餘年，小乘和大乘的經典已集結完成，密乘的觀修（維摩的教法）亦不絕如縷。至於古婆羅門教亦已改造成為新印度教，十分成熟的「無二論」已成為思想基礎，比較起來，希臘的文明可謂尚未成熟，所以亞歷山大的努力，結果是西方思想影響東方不多，只給東方藝術帶來新的養分，反而東方思想立即就影響西方，甚至連同東方思想的渣滓 —— 宿命論。

　　有一個小故事說，芝諾鞭打一個奴隸，那奴隸對他說，天注定要犯這個錯，所以無法避免。那奴隸是企圖利用芝諾的宿命思想來免罰，然而芝諾卻說，天注定他要受鞭打，所以無法不打。你看，這種思想哪裡還是蘇格拉底三代師徒的思想。佛家說業力，一個不好，很容易就會說成是宿命。亞歷山大以及他的繼承人沒派學者去東方，東方思想靠商人和戰士傳過來，自然就只能傳入膚淺的一面，不但影響奴隸，甚至影響芝諾。

　　亞歷山大時代以後，是羅馬入侵希臘，那年是西元前146年。中國是漢景帝時代，世稱「文景之治」，文明鼎盛遠非西方可比，更不是飽經戰亂的希臘可比。然而羅馬人依然仰慕希臘文明，他們把伊壁鳩魯派哲學、斯多噶派哲學，連

同掠奪來的金銀寶石、藝術製品一同帶回羅馬。

　　過了一段時期，他們就發現，要令奴隸心靈快樂是很難的事，不如斯多噶學派教他們認命，教他們壓抑意志而沉默，因此發展下來，羅馬皇帝奧勒尼亞（Marcus Aurelius, 121-180）就完全鼓勵斯多噶學派思想，成為一尊，那時在羅馬，伊壁鳩魯哲學已名存實亡。天堂與地獄的思想在羅馬已在貴族與平民間廣泛傳播。

　　佛家說天堂與地獄，是順從印度的民俗傳統，其中的精義，在於說人的意志，「一念即天堂、一念即地獄」。至於天堂，佛家說為「諸天」，亦即不是只有唯一的一處天堂。「諸天」其實指的是不同時空的生命，這是如來藏思想。如來法身功德（生機）周遍法界，即是周遍一切時空，因此並非只有我們這個三度空間、一度時間的宇宙，宇宙無限、世間無限，由是任何宗教都可以根據自己的理想，建立一個天主，或者選擇一個神來做自己的天國主人。至於人於死後到天堂或到地獄，並非宿命，而是自己的業力決定。這其實當我們生存時已經是這樣，當我們憐憫落後國家的缺糧時，為他們做點事（大者如科學家研究改良水稻品種），那你的心已經生活在天堂；可是，若你竟是無良的種子壟斷商，推銷經過DNA改造，不產生第二代種子的穀種時，雖然發財，可是心靈實已經墮落在地獄。行為與意志的業，決定了一切因果，包括感官之所受，以及心靈之所受。

　　所以佛家天堂與地獄並非宿命，無奈當時的羅馬帝國卻視之為宿命。那時候，伊壁鳩魯學派的原子與虛空已然無效，斯多噶學派亦只能走向唯心。那時的哲學思想變成是：你若不求凡事如意而聽天由命，你便得到幸福。

就是這樣，從此西方在黑暗中生活了一千年。這期間，羅馬教廷取代了皇帝的權力，教廷擁有全歐洲三分一的土地，由於規定教徒奉獻，積累了比皇帝還要多不知多少倍的財富，統治了絕大部份的人口，連士兵都是教徒。因此在這一千年，哲學便即是神學，倫理、政治、藝術、邏輯、甚至歷史都是神學。因此我們也就不去評價它了，否則便會給人看成是對宗教的冒犯，尤其是用如來藏思想來評價。

我們不管宗教，只管目前西方人以及其崇拜者（例如讚揚鴉片戰爭的中國人），他們將民主與人權的源頭歸於西方，說源於希臘，這說法是企圖奪取制高點，民主與人權誰都不能反對，因此對於西方，我們便只有崇拜。然而歷史呢？在這一千年的歐洲黑暗時代，中國已歷漢代而至明初，禪宗早已遍地開花，華嚴、天台兩宗則如白蓮青蓮，雙花並峙，這些宗派光大了如來藏思想。佛法亦早已傳入西藏，甯瑪派、薩迦派、噶舉派都以如來藏思想為見地。尤其是甯瑪派，根據四重緣起來認識世間，來成立事物的有（存在與顯現），這時候，哪裡有西方的存在主義和認識論。

或者說，我們說的是自由與民主。那麼，佛家主張的平等、儒家主張的民本是甚麼？羅馬教廷有這些主張嗎？因此，為西方文化搶佔制高點，從而揚棄中華文化傳統、東方文化傳統，不應該是有學術良心的人所應做的事。

我們再看看在這段黑暗時代中，西方哲學所能影響羅馬教廷的甚麼思想，就知道根本與自由、民主、人權無關。所以，可以談一談新拍拉圖主義者的創始人普羅提諾。

七　普羅提諾

　　普羅提諾（Plotinus, 204-270）可以説是西方古代哲學的終結，他一生經歷許多變亂，軍人開始跋扈，動不動就推翻君主，另立一個，從而得到最大利益。由於軍人熱衷於內亂，便招來了外患。日耳曼人跟波斯人入侵，羅馬帝國人口減少了三分之一。

　　普羅提諾因此引進了柏拉圖的「理念」。他説，現實世界毫無希望，唯有一個世界值得獻身，那就是永恆的「理念」世界。現實世界虛幻，「理念」世界則是永恆的真實。他這説法，很快就變成基督徒的「死後天國」。

　　如果他所説的「理念」超越一切識境，超越一切時空的世間，那麼，他所説的倒是真實。佛家認為，這就是佛的內自證智境界，即是如來法身、即是法界、即是法性。然而這只是一個境界，於中無有個體，不為任何識境的靈魂所住，因此，就不可能是一個理念世界。

　　所以新柏拉圖主義的理念世界只是貌似如來藏的智境（智境不是一個「世界」，也不是一個「全像宇宙」）。

　　基督教將之説成「天國」那就完美了。所以英國近代大神學家、倫敦聖保羅教堂教長英季牧師（William R. Inge, 1860-1954）在研究普羅提諾的巨著中讚美道：「〔新〕拍拉圖主義是基督教神學的有機結構主要單元，我可以説，沒有其他的哲學能夠與基督神學結合而不生摩擦。」

　　有趣的是，由馬其頓時代到羅馬時代的哲人，凡是對現實無奈的，似乎都跟東方多少有點關係。普羅提諾參加過對波斯的戰役，他自己説參軍是為了研究東方的宗教，他到底從東

方宗教中得到一些甚麼啟發呢？他沒有說，照看來，應該是由印度傳入中國西域，再傳入波斯的佛家思想。那時已經是中國的魏代，亦正是印度大乘思想如日中天的時代，文殊師利不二法門已成為主流思想。

普羅提諾也可能受中國道家思想影響。史書載，漢桓帝延熹九年（西元一六六年），大秦王安敦遣使入貢。「大秦」即是羅馬帝國，其時道家思想早已成熟，因此，道家的「一炁化三清」可能影響了普羅提那，所以他在形而上學方面，建立了「神聖三位一體」，即是太一、精神、靈魂的合一。這亦令人想到基督教的三位一體。特別是，道家的「三清」不平等，有高低分別、普羅提諾的「三位」亦不平等，以至基督教的「三位」，其實起初亦不平等，如果說是巧合，那倒是很有趣的巧合。

太一（The One）即是至善（因此也就是神），它不存在於任何地方，但任何地方都有它存在（令人想起佛家的「佛性」、道家的「道」），它亦不能被定義（道可道，非常道）。

至於精神方面，普羅提諾稱之為nous，可以譯為「心智」或「心靈」。於觀念世界中，若說有神聖的因素，便即應該是這nous了，由於它，人才可以見到至善、至高無上者。所以當我們被神充滿時，才見到心智，並且見到太一（可不可以說，當我們被聖靈充滿時，才見到聖父與聖子）。

因此靈魂突然被光明充滿，就是最幸福的時刻，這光明從至高無上者而來，由至高無上而來才能窺見至高無上。

這種形而上學，塵世的人未必認可，因為解除不了苦

難，甚至連安慰都沒有，但一旦與宗教結合，便隨時都可以令信徒「聖靈充滿」。

我們介紹新柏拉圖主義，目的只想說明它對基督教的貢獻，因此便談到這裡為止。

八　笛卡爾

羅馬教廷的神權統治沒落，接着便是文藝復興時代。文藝復興應該歸功於印刷術，假如東方沒將印刷術傳入西方，西方人無書可讀，那就不可能有一個文藝復興。可是，現代西方卻沒甚麼人感激發明印刷術的中國。此外，還有羅盤，這也是中國的發明。有了羅盤，可以航海，人類才能放寬視野，這也是醞釀文藝復興的重要因素。

文藝復興的主要成就，在自然科學而不在哲學。哥白尼（Nicolaus Copernicus, 1473-1543）、伽利略（Galileo Galilei, 1564-1642）等等，可以開出一份長名單。這就是文藝復興所需的人文背景。在哲學方面，一般都推法蘭西斯·培根（Francis Bacon, 1561-1626）為先河，此外便是霍布士（Thomas Hobbes, 1588-1679）和笛卡爾（René Descartes, 1596-1650）。在這裡，我只想談談笛卡爾，因為本書不是一本哲學史，而笛卡爾的哲學對現代哲學影響實在來得較大。

笛卡爾受當時物理學和天文學的影響很深，科學既然有了新的發展，哲學當然也應該跟進，從古以來，科學其實只是哲學的一個分支，或者可以說，這是亞里士多德的傳統。

筆者有一點可以比得上笛卡爾，那就是不過中午不起

床，因此可以想像，笛卡爾是通宵閱讀或寫作的。通宵工作有一個好處，就是方便思考，所以，他獨立思考出兩個自然界現象，第一是地球自轉，第二是宇宙無限，後來他才曉得伽利略的地球學說，他是天主教徒，因此就不敢把自己深思明辨之所得公開。那時候，後人雖已將之歸入文藝復興時代，但在現實生活中，對自由思想的人來說，卻依然是黑暗年代。可是在東方，漢土和藏地的佛學都十分蓬勃，尤其是藏地，宗喀巴（Tsong kha pa, 1357-1419）早就在他的二百年前成立了他的新教，同時成立「中觀應成派」的唯空思想。

笛卡爾的哲學很博大，在這裡，只評價他的「我思故我在」（cogito ergo sum），這可以說是近代認識論一個具開創性的見地。

這說法，其實是從感官的覺知開始思考（或者可以稱之為cogito），在這方面，我們提到過懷疑主義的彼羅，不過彼羅沒有特別提出懷疑自我，笛卡爾卻以自我作為懷疑的對象。如果不能認識自我，肯定「我」的存在，那麼，「我的認識」還有甚麼意思呢？他的取向，比彼羅深入得多了。

可以比較佛家的思想。唯識宗的學人是先從認識的不真實開始（同於彼羅），由「所認識」的對象不可能真實，再推論「能認識」的人亦不真實（彼羅沒有做這進一步的推論），可是如來藏法門雖然承認唯識宗的推理，但卻堅持，如果要實際否定「自我」這個觀念，實在不能只憑推理，觀念不同概念，觀念是深層次的，甚至是與生俱來的，所以很難否定，憑推理只能否定表面的概念，因此便要從「識境隨緣自顯現」（譬如為螢光屏上的影像，依着局限而成顯現）這一原理，才能否定一切「我」（一切個體）的絕對真實

性。當知道「自我」只是影像時，螢光屏影像世界也就同時不是絕對真實，只能定義為識境中的絕對真實，在智識雙運界便是相對的真實。

所以在對自我懷疑這一點上，笛卡爾的立足點，可以說是高於佛家的唯識今學。

笛卡爾說，我們有理由懷疑「我」。吃早餐的「我」，是不是就是在火爐邊烤火的「我」呢？何況還有夢中的「我」，幻覺中的「我」。

如果不在哲學的層次，沒人會同意笛卡爾的說法，吃早餐的我跟烤火爐的我有甚麼不同？笛卡爾以蜂蠟為例來說明這不同。

面對一塊蜂蠟，人會憑感官來認知，它有蜜的氣味、蠟質、還有點花香，如是等等認知，我們說它是「蜂蠟」。但是如果你把它放在爐邊去烤，你剛才之所認知都會因此消失，你仍然會說它是一塊蜂蠟，但那只是你的堅持，因為蜂蠟之所以為蜂蠟，那並不是憑「感性的知覺」所可理解的，只有「知性的知覺」才能悟解（這裡借用了佛家的名詞來表達笛卡爾的原意）。

所以在「知性的知覺」中，我們可以懷疑「我」。然而他認為，設若「我」存在，便應該總有一些事情無可懷疑，那不是我們的肉體，而是我們的思維。當我們把一切事物都想成是虛假時，這個在「想」的（在進行思維的「我」），就必然非是實際存在的事物不可。笛卡爾把這決定見稱為他的第一哲學原理。

如果問佛家唯識宗的人，怎樣評價笛卡爾的「第一原

理」，他們一定會説，如果「所思」的東西不真實，「能思」的我又怎能是真實呢？你不是説，你在想一切事物都是虛假嗎？

這評價，笛卡爾一定不認同，因為現在，他其實已由思維萬物跳到思維中的「我」，「我」在思維「我」，能思的是「我」，所思的也是「我」，是故就不能用既然沒有所取的外境，也就沒有能取的心識來否定「我」。在這裡，笛卡爾打破了唯識今學的一個缺口，進入了灰色地帶。唯識學家當然還可以用許多理論來辯解，證明被思維的「我」這時其實已經是外境，跟正在作思維的心識不同一個「我」，但對笛卡爾來説，説服力不強。他只肯定與生俱來的觀念（idea innative），不相信假設的觀念（idea factive），唯識家一切所説，無非都是假設，「我思故我在」卻可以説是符合與生俱來這一涵義。

你可以批評他是主觀唯心論，可是笛卡爾也可以説，你們的「唯識無境」難道不也是主觀唯心嗎？只是無論如何，你們不能説「唯識無我」——在思考着「我」的「我」。

所以笛卡爾的「我思故我在」，只能放在如來藏學説系統來評價。讓我們一步步推演——

你能不能否認，萬物都有生機？不能。

這萬物的生機從何而來？自然界。好，是不是唯有我們這個世間才是自然界呢？當然不是，因為還有許多別的時空世界。那麼，根據與生俱來的觀念，你認為這些世界有沒有生機呢？應該説有吧，總不能説唯有地球才有生機。

那麼，這周遍一切時空的生機，總應該有一個源頭，這

源頭我們姑且叫它做「法界」（expanse of reality）。所以我們說，一切時空世界都含藏在法界之中。這是與生俱來的觀念，就像我們說，一個人的一切細胞都含藏在這人體當中。

既然這樣，一切時空世界中的萬物，應該是平等的。現在且拿我們時空世界（應該說是我們的時空宇宙）中的地球來說，在地球上，人應該肯定地球上的一切事物都真實。物質真實，認知也真實，佛家把這叫做「世俗」。所以，憑主觀來否定事物，不見得正確，以你的蜂蠟為例，你只是執着「蜂蠟」這個名言來否定感觀認知，這就不平等了，未熔與已熔的蜂蠟都是地球上的事物，認知不同不要緊，也沒必要討論它的屬性，如廣延性，因為我們討論的是它的存在。屬性是外加的概念，存在才是它本身。

你問：怎樣認識它的存在呢？

對了，這是問題的關鍵了，我不是譬如法界像螢光屏嗎？在螢光屏的影像世界中，一切事物雖然都是影像，可是，影像真實存在於影像世界之中。因此，住在影像世界的人根本沒理由去否定影像的存在。只能探討如何認識它的存在。

那麼我的肉體真實嗎？

在影像世界中，肉體的影像真實。離開這影像世界，例如站在法界的層次來看，可以說一切影像世界只是相對的真實。在這層次，思維中的我，跟不作思維的我都一樣。

如上的推論，便是如來藏思想對主觀唯心論的評價。而且，用笛卡爾自己的話來說，這絕對不是假設的觀念，亦不是「外來的觀念」（idea adventitious）。佛家稱之為「法爾」，可以說即是與生俱來的觀念。

　　讀者或者會發現，筆者在評價時理論重複，這是很自然的事，世間愈是真理，就愈簡單，根本不必創設許多觀念來說明真相。有一個故事可以幫助我們理解：中國有「功夫」，有一次，兩位功夫家相約比賽，其中一位招待傳媒，說自己必勝，因為他能夠在一秒鐘內發出七拳，從七個不同角度去攻擊對方。到比賽時，對方只用「太極推手」，三兩回合就把他這位「一秒七拳」的名家擊倒了。

　　所以，招式多沒有用。

Wikimedia Commons

笛卡爾

九 斯賓諾沙

稍為談論一下斯賓諾沙（Baruch Spinoza, 1632-1677）。他可以稱為人格完美的哲學家。他是猶太人，住在荷蘭。當時在歐洲，荷蘭可以說是最寬容的國家，言論相當自由，然而在這裡，他卻因為對神表示一些懷疑，便遭驅逐出教會，這也等於被驅逐出猶太民族。在驅逐前，教會提出過一個條件，假如他肯接受一千弗羅林的年金而不再提出懷疑，那就大家相安無事，可是他卻拒絕了。那時，他還只是個二十四歲的年青學者。

經過一次企圖謀殺，他不得不躲在阿姆斯特丹的市郊，借一間房間居住，房東雖然是基督教徒，卻跟他如魚得水，所以後來房東遷去海牙，他亦跟着去，彼此就像一家人一樣。他靠磨透鏡片維持生活，鏡片的微塵令他得到肺病，四十四歲那年平靜地病逝。他將所有手稿託給房東，請他交給一家出版商。在此之前，他拒絕過一些年金，包括路易十四提出的豐厚年金，附帶條件是將他下一部著作獻給這位國王。此外，他還拒絕了附有條件要他不提宗教的大學教席。所以在他生命後期其實並非十分寂寞，只是他實在淡泊名利。他在著作中就明確表示，人的快樂與幸福就在於不受名利縛束。這真像中國哲學的「淡泊以明志」。

他在《神學政治論》（*Tractatus Theologico - Politicus*），指出聖經充滿錯誤與矛盾，以及許多不可能，因此有許多奇蹟發生，有上帝再三出現。他說：「聖經不是根據事物的第二因來解釋事物，而只按照某些秩序和文體來描述事物，這些秩序和文體必須具有最大力量去促使一般人，尤其是未受過教育的

人信奉宗教。」

　　這種態度，自然會令基督教都視他為敵人。尤有甚者，他不管耶和華在《舊約》與《新約》中判若兩神，竟將猶太教與基督教視為一體，這樣焉能不開罪兩教。

　　然而他其實並沒有歧視兩教，他只將神與自然視為同體，兩者都依從不變的法則。

　　這看法符合佛家的思想，佛家從來沒認為天人可以超越不變的法則，緣起。所以天國有戰爭，也有死亡的恐懼。這即是自然。這是無神論的思想，崇拜神的宗教不可能接受。

　　由於「神即自然」，因此斯賓諾沙並不贊成笛卡爾的說法，認為有神、精神、物質三個實體，他說，實體只有一個，宗教的神、非宗教的自然。因此，決不能有永生，從宗教的角度來說，個人只能愈來愈跟神合一。

　　假如他所說的「自然」，即是佛家的「法性」，那麼，他就懂得如來藏了。他應該不是這麼理解，他的自然，只是我們這個識境中的「道」，亦即不變的法則。所以他不會跟笛卡爾和同，認為人可以憑科學來戰勝自然。—— 說句老實話，目前人類急切地提出「環保」，要拯救地球，顯然就是在承擔三百五十年前笛卡爾思想的苦果。

　　但也許正由於主張神即自然，所以斯賓諾沙是宿命的，他說，一切事物都受一個絕對的邏輯必然性支配。這「邏輯必然性」即是自然的不變法則。這一點，證明他不懂緣起，佛家的緣起說，由一個因不能生果，最少還要有一個緣來起動（所以這個緣便叫做增上緣），例如以植物的種子為因，那麼，就須要以種植為增上緣，種子才能開花結果。所以不

能像他那樣否定自由意志,自由意志雖然不能改變因(自然的邏輯必然性),但卻可以改變緣,當緣改變時,結出的果就會不同,惡果可能不生,善果卻得以生起。這是識境的業力功能,因此佛家反對宿命。

斯賓諾沙主張有四種知識。第一種是「傳聞知識」,例如你所知的生日。第二種是「經驗知識」,例如服成藥治病。第三種是「思維知識」,例如知道太陽不是如眼見那樣大小。第四種是「直接知識」,即由直接知覺與直接演繹而來的知識,例如 2:4 = 3:x,我們知道 x 值是 6。

這說法,有點像佛家因明學的「量」。傳聞知識如「聖教量」,你的生日由父母或醫院告知,他們當然有可靠性,那就等如聖者之所教,例如釋迦牟尼之說四諦(四個真理)。

經驗知識,未必可靠,但亦或者可靠,因此有可能是「非量」。

思維知識有如「比量」,由有煙便知有火。

直接知識即是「現量」,為人感官所覺受,且能直接思維。

他的知識論是合理的。他由此推論,便主張有兩種秩序,一是「暫時秩序」、一是「永恆秩序」,前者即是事物世界,後者即是法則世界。他說:「我不能由一連串的原因和實體去認知一連串可變的個別事物。」然而,「這可變個別事物的本質只能在固定不變的法則中始能發現,這法則刻印在那些個別事物中,成為它們真正的法則。」所以暫時秩序是依賴着永恆秩序的,「沒有後者,前者既不能顯現,亦不能為人類所

理解。」

　　讀到他這樣的哲思，筆者真的合什歡喜讚嘆，他說的「永恆秩序」，恐怕就是如來藏思想所說的「相礙緣起」了。一切時空世界的事物，都唯有在「能適應其局限」這條件下才能顯現。這恐怕便可以說是「永恆秩序」了，服從這「永恆秩序」的世間顯現出來之後，可能依着「業因緣起」來運作，要通過「相依緣起」或者「相對緣起」來理解，然而這些，卻只是「暫時秩序」。因為不同時空的世間，不可能有相同的「業因」、「相依」與「相對」。他假如有機會理解印度的佛學，中國的佛學，他都可以成為中觀家，知道「緣起性空」的真諦，至少他不會說，因為緣起，所以性空。

© Wikifrits / Wikimedia Commons

斯賓諾沙

　　在討論神與自然時，斯賓諾沙也十分辯證。他說自然亦有兩面，一是「能自然」（Natura　naturans），即是生命力與進化；一是「所自然」（Natura naturata），即是由前者產生出來的自然，亦即山河大地，種種自然界的物質和存在物。可以將神看成是能自然，也即是說，能自然與神都是同一性質的「實體」（substance）。

　　這理論的缺點，是將一切實體只看成是在我們這個世界的存在與顯現，甚至眼光未離開地球，假如他生長在量子物理學的世界，他便可能修正自己的學說，把神看成是「暫時秩序」的存在（不是顯現）。因為假如他將「能自然」看成是「如來法身功德」（一個至高智境的功能），而「所自然」則是一切時空的微觀與宏觀顯現，那麼，他就是大中觀學者了（但卻有可能成為「他空大中觀」）。

　　受到時代局限，他不可能否定神，他只能從哲學角度來指出宗教家所說的神，定義錯誤，因此他寧可將神看成只是自然法則。他說：「三角形的內角總和等如兩直角，這是三角形永恆不變的定理，同樣道理，一切事物都依着神所定的法則而生滅。」在這結論中，他其實說的是緣起思想，因為一切事物都依緣而生、依緣而滅，所以他等於說，緣起就是神。

　　若這樣理解時，我們同意斯賓諾沙的思想，只須指出一點，生活在他那「暫時秩序」中的人，看「暫時秩序」世間，其實也是真實的。

　　斯賓諾沙死後百年，人們稱讚他的哲學，認為是從上帝那裡得來的最真實啟示。阿門。

十　洛克、貝克萊與休謨

　　歐洲由十七世紀後期開始了自由主義。這可能起端於新教的思想，他們主張寬容，甚至認為教會也可能有錯，所以比較尊重教徒的個人意志，這就有了個人自由的色彩。

　　笛卡爾的「我思故我在」，是「個人」這概念在哲學層次的建立，是「我思」故「我」在，那就是自我的獨立意志，並不從屬於教會，也不從屬於國家與社會。這樣，由「個人」的建立自然就令自由主義有了哲學的根據。

　　雖然，笛卡爾的哲學亦並非因「我思」而走向純粹唯心，他亦承認肉體，只是精神與肉體各自獨立，互不相涉，他說，一如有兩個時鐘，當這個時鐘響起訊號時，另一時鐘就會應和，因此肉體感到饑餓，精神就會產生識感，這即是心物二元的辯證。然而這畢竟仍是個體的自由意志，因此笛卡爾的學說後來可以影響兩派，一派唯心、一派唯物，能夠讓兩個立場截然不同的哲學流派都能各取所需，恐怕便跟笛卡爾的「個人」思想有關。接着，萊布尼茲（Gottfried W. Leibniz, 1646-1716）的《單子論》（*Monadology*），提出物質是由眾多獨立實體合併而成，這些獨立實體便叫做「單子」。由於單子獨立，不能與其他單子互起作用，所以，這就有了「個人」和「自由」的意念。伊壁鳩魯也提出過「原子」，可是他卻沒有給原子賦予「獨立」的賦性，而且它瀰漫全身，所以不能說為物質，那就不是「個人」的因素了，萊布尼茲顯然等於將他的「原子」物質化，由是便可以成為實在的個體，那才是自由主義者所需的哲學根據。

　　洛克（John Lockes, 1632-1704）是唯物論者，所以他的學

説，可以説是經驗主義唯物論。但同時，他也是哲學上自由主義的創始人。他的學説在英國如日中天，在法國，由於伏爾泰（Voltaire, 1694-1778）的介紹，也有很大的影響力，改革派完全相信洛克，與相信盧梭（Jean-Jacques Rousseau, 1712-1778）的革命派隱然成為兩股對立的力量。時至今日，「新自由主義」已成國家工具但仍然要借用洛克的招牌，來推銷他們的文化擴張、經濟擴張，同時制肘他們心目中的敵國。

在認識論方面，他説，物質有「主性質」和「次性質」，前者跟物體不可分離，例如充實性、廣延性、形狀與動態等。後者則僅為從屬，如顏色、聲音、氣味之類。

他接着提出了相當精闢的見解。主性質存在於物體之中（所以不可分離），次性質則僅是觀察者的知覺，沒有眼就沒有顏色、沒有耳就沒有聲音。所以，例如顏色，它是可以變化的，戴上藍眼鏡的人所見的顏色就異於沒戴這種眼鏡的人、黃疸病人看見的顏色都帶黃。

他提出黃疸病者的例子，其實是佛家常用的例，説白螺的白沒有本質，黃疸病人見到的白螺便是黃色。同時，也可以説人常有錯見，例如黃疸病人堅持説自己所見的白螺，黃色是實在。不過，佛家是從「所見」與「能見」兩邊來闡釋這論題，洛克則只從「所見」這一邊來闡述。

所以，這在佛家看起來是落於邊見的思想，便只能影響落於物質邊的物理學。物理學實在是承認洛克所説的物體主性質的，尤其是關於動態，光學、聲學、熱學、電磁學，無一不在物體動態這一點上立足，從而觀察其充實性與廣延性。

這在佛家一些派別中，很可能否定洛克的思想，但如

來藏思想卻可以對他作有條件的肯定。在識境中的人，絕對可以從認識來肯定識境的真實。因此，他們可以為自己的世間成立物體的充實性與廣延性等等，否則他們就無法在識境世間中生活。所以問題只在於，他的成立是否正確。而不在於他為識境的性質作成立。至於把他們引導到「智識雙運界」，那是離識境的層次，不應該動輒就把這層次引入識境世間，加以破壞。

洛克

　　然而在這論題上，喬治·貝克萊（George Berkeley, 1685-1753）卻跟洛克有諍論，他認為根本沒有「主性質」這回事，一切物體只能有洛克所說的「客性質」。那是從經驗主義出

發的否定，即是説，他認為洛克的經驗論不徹底。

　　洛克主張人的一切觀念都來自經驗。他對「理性」的定義是：理性包含兩部份，一是人對事物的考察，一是對一些主張的研究。那即是自己的經驗，與旁人的經驗。

　　這問題也許牽涉到知識的起源。唯心論者一定會認為人有與生俱來的各種先天觀念，譬如印度教所説的「梵性」，西方宗教所説的「原罪」，這可以增進人的信仰。洛克雖然是忠實的基督教徒，但他卻認為：一切知識皆從經驗而來，感官之所得亦唯有感官的經驗。初生嬰兒的心空無所有，但隨着他成長，感官經驗便令他有了思想。

　　這樣一來，洛克的認識論便可歸結為唯物，因為感官所得的經驗，來源只能是物體，絕對不可能是上帝。所以貝克萊主教反對他的説法，認為洛克這樣來分析知識，恰好證明：物質無非只是我們的意識，即是説，物質只是感官經驗。既然這樣，便沒可能説物質有存在於它自己之中的性質，全部物質性質，都只是觀察者的知覺。

　　貝克萊這麼一説，認識論便從唯物變成唯心了。他認為，一切經驗只來自內心的感覺。因此經驗便只是許多感覺與許多記憶的組合。

　　有人認為佛家的唯識學可以贊同貝克萊的觀念，因為唯識家説「唯識無境」。可是唯識宗的祖師、瑜伽行古學卻不會這樣。瑜伽行古學其實是成立事物如何而成為有（存在與顯現），例如一般人，由種種分別來觀察事物（遍計），於是計度事物是絕對真實的存在，那便是「遍計有」了。貝克萊的反對洛克，可以説是反對「遍計有」（依計度廣延性、充實

性等而成為有），但是，貝克萊卻沒再說明，事物到底是如何依內心而成為有（唯識學則說明了這一點，而且說得異常詳細），因此，貝克萊其實也是「遍計」，可是他遍計的對象卻是內在的心識，用心識的功能來建立實在。在佛家瑜伽行派，這心識的功能雖可承認，但心識的本質卻不能說為實在，因此，便不能說不實在的心識可以成立真實的認知。由是貝克萊所說的經驗是否能夠成立，真的可以懷疑，難怪貝克萊的經驗主義其實應該歸入懷疑論的範疇。

跟貝克萊對立的認識論哲學家是休謨（David Hume, 1711-1776），他完全否定內心。他說，人不可能平白無辜就產生意識，一定要當見到物質的時候，意識才會發生。這倒可以說是真的，一個嬰孩沒被火燒過指頭，也沒用過火來加熱食物，他對火有甚麼意識呢？所以休謨斷言，我們根本沒可能見到自己的內心本身，我們所認識的無非是一大堆來自經驗的觀念，本質是記憶與感覺。因此所謂心者，本來不含有各種觀念、知覺、記憶，或者加上感情，那就是心。因此我們在思想，也只是這些因素在起功能，並非有一個靈魂在操控一切。所以，休謨便破壞了西方所有的宗教。也許他便因此而成為後來費爾巴哈（Ludwig A. Feuerbach, 1804-1872）的先導。費爾巴哈認為，一切宗教的本質只在於人對神的依賴。這其實很符合佛家思想，對此我們將在下面再談。

現在我們看看洛克、見克萊、休謨三位認識論哲學家的分別。貝克萊完全否定了「物」，休謨完全否定了「心」，物質與精神都給他們兩人分別破壞掉，那麼，我們到底還有些甚麼可以「認識」？所以比較起來，洛克還是中庸一點，將物體的主性質歸於物，將次性質歸於心，那才可以說是一

個不破壞物質、亦不破壞內心的認識世界,但認識則是內心
的絕對功能,世人由此可以思想、可以信仰(不一定是宗教信
仰)、可以在悲歡哀樂中生活。

© TwoWings (author) / Wikimedia Commons

休謨

　　休謨最激烈的邊見是否定因果律。他並不認為一件事物
隨着另一件事物而來時,二者之間有必然的關聯性。他說,
我們絕對沒有辦法見到「原因」以及「原因的法則」,我們
只見到一事物隨一事物而來這現象,由是我們便推斷其原因,
推斷其必然性,於是定義為因果。事實上對於因果,只是人心
理上的期待,當得知某些事物總是互相關聯時,於是見到先來
的事物,便已期待後來的事物。所以沒有因果律的必然性,一

切都只是經驗的總結。是故我們不能保證觀察各種事物之所得，一定會出現關聯。也即是說，我們不能保證已往的事物關係，在未來會同樣出現。

這樣地對因果律作否定，實際上是對科學的否定。科學其實是將因果視為自然的法則，然後依着因果律去探討自然。如果否定因果，就沒有「風的成因」、「機械運動」等等，我們不能預測天氣，也不能用一個力來改變物體的運動方向（於是車、船、飛機都無法動作，因為不可以拐彎）。

他用「必然性」來否定因果，實在過於武斷，以為成「果」只有一「因」，那實在機械。前面已經說過，佛家認為因之外還需要緣（植物種子之外還要種植，以及陽光、雨水），如果緣改變，同樣的因就會生成不同的果。例如同樣的種子，一加上「基因改造」這個緣，就會結成不同的果。所以因果並不依「必然性」而成立，絕不須要保證於以往與未來中，事物的關聯性會重複出現。

他說，必然性例如數學，1+2=3，這是必然的，因為這可以不斷地重複出現。

然而就正在這例子，就證明他不懂「緣起」。1+2=3 其實就已經落於緣起，在相礙緣起中，這算式是適應十進制的局限而成立，否則就不能成立。如果局限換成二進制，這算式就會變成是 1+10=11。甚至，在二進制的領域，根本不可能有 3 這個概念。我們因此可以說，不是甚麼必然性，只是依着緣起法則而成的概念與事實，那便即是因果。

休謨提出一個名詞：恆常連結（constant conjunction）來代替因果。不是由一事物造成另一事物，只是一事物與另一

事物在「恆常連結」。我們可不可以這樣質疑：為甚麼它們總是在恆常連結呢，難道人類的心理慣性居然可以支配事物「連結」？若這樣時，他又憑甚麼來反對貝克萊的唯心論。

在中國，頗有些贊同休謨的聲音，甚至將「因果」視為迷信，原因恐怕在於佛家將因果歸於業力，於是便有人將業力推入迷信的範疇來牟利，由是引起有識者的反感。然而這卻並不是因果律的錯，只是誤導者的錯。因果律是自然的法則，是一切識境（一切時空世間）成立之所依，不能否定。

十一　伏爾泰與盧梭

當英國哲學家悄悄地開展他們經驗主義時，法國則有啟蒙運動，伏爾泰（Voltaire, 1694-1778）與盧梭（Jean-Jacques Rousseau, 1712-1778）可以説是啟蒙運動的先鋒。

伏爾泰是文學家，劇作家。他很多劇本上演都成功，所以他很富裕。教廷也討好他，曾一度想封他做紅衣主教，交換條件是停止對教廷的攻擊，可是他斷然拒絕，因為他親眼見到一些有如黑暗時代的逼害事件，善良的人受燒死、安寧的家庭被摧毀，起因都只是雞毛蒜皮的小事。

盧梭則不同，一生貧困，他為了生存做了不少忘恩負義的事，對人亦缺少同情，但用他自由主義的哲學來辯解時，亦可以説成是道德高尚。有人説，他是小資產階級女人的崇拜對象。

他們兩人彼此針鋒相對。伏爾泰相信理性，盧梭則鼓吹行動；伏爾泰贊成文明，盧梭則主張摧毀一切文明重返大自

然；伏爾泰希望用社會秩序來發展人類的智慧，從而得到幸福，盧梭則認為應該廢除法律。二者分歧之大，不必多言，然而他們兩人都有革命的狂熱，可見那個時代實在辜負了許多不同背景、不同思想、不同道德標準的人。

伏爾泰一生著作豐富，據說有九十九種之多，他的哲學思想不能只從他的哲學論著來理解，還應該從他的文學作品中來發掘。當這樣做時，就會發現他其實也是內心狂熱的，他一生與神學作戰，所以他死後，基督教會不允許他用基督徒的葬禮。

他年青時因為避禍，曾躲在倫敦住了三年。法國人對英國人評價甚低，説為無情無義、不忠不信，可是伏爾泰卻讚美英國當時的自由主義，所以他寫成一本文集，譴責法國貴族和牧師，欺壓平民，侵吞公款，還將巴斯的獄用來對付自己不順眼的人（他自己就住過巴斯的獄）。他的自由主義思想即從那時孕育完成。這文集沒公開發表，但其稿本則在法國私底下流傳。

後來一個無良出版商，未經伏爾泰同意，竟私自將這「倫敦文集」出版，於是引起掀然大波，巴黎國會下令將這本書焚毀，一下子伏爾泰大禍臨頭。好個伏爾泰，竟利用時機跟一位侯爵夫人私奔，住在侯爵領地的豪華別墅。

那時候，他同情盧梭的狂熱自由思想，在安靜的避難生活中寫了許多作品，在作品中發表他的哲學，自由與浪漫，對教會的質疑。但他卻從來未要求過平等，只希望弱者能受強者尊重。

後來那侯爵夫人又跟一個青年要好，以使懷孕，結果因

難產而死。侯爵、伏爾泰、那個青年，三個人一起圍在侯爵夫人的床前。這就是對浪漫與自由的實踐。

　　所以他借一個劇本中人的口，來鞭撻規條。一個來自北美的印第安人要結婚，發覺結婚原來這麼麻煩，要證婚人、牧師、婚約、教規、公證人，這印第安人於是大叫：「你們一定是大壞人，否則何須這麼多的防範！」這時，他同於盧梭，將自由主義發揮得淋漓盡致，然而，他不同盧梭的是，畢竟他只將自由用來針對教會。

　　後來他受過德國國王的邀請，在那裡他寫歷史，他認為寫歷史等於寫人類的罪惡與災難，因此歷史須要哲學家來寫，因為可以用哲學來探索人類精神。所以他的著作完全貫串歐洲的文明精神而避免談到君主。可以說，是本不以國家為重心，轉以人類為重心的歷史著作，這真是一個全新的歷史體系。這種歷史觀，很可能即是法國大革命的催生劑，是法國王朝的催命符。

　　在他的哲學歷史中，還不談教會，卻用大篇幅來介紹中國、印度、波斯，這就打破了宗教的權威。讀者一旦視野擴大，知道異教徒的社會文明，基督教的世界和他們相比，黯然失色，那麼，牧師還怎可以安祥地牧他的羊群。所以法國由國王下令，禁止這法國人踏入國境。

　　恰好這時，伏爾泰又漸不容於德國，於是他只好躲在瑞士，在日內瓦近郊買下一處莊園，過優哉悠哉的生活 —— 誰敢說金錢只是身外物！

　　也許由於思鄉，後來他又遷居到法國與瑞士接壤處的小城市。結果這小城熱鬧起來，許多學者、名流、政客，甚至牧

師過訪，此外還有自由主義哲學家，伏爾泰不勝其煩。

就在這時候他開始跟盧梭交惡。他寫了一首詩哀悼里斯本大地震，這是一次歷史上從未有過的大災難，整個城市因此而毀滅，死傷者不計其數。可是盧梭卻公開評論他這首詩，說這不是上帝的錯，只是人類的錯，如果他們不住六層高的樓房，那災難就不會這麼大；如果根本不住房屋，只在田野露宿，地震根本無事，這評論，代表了盧梭維護上帝的狂熱，當時教會中人立刻附和盧梭。

他參加了編輯「百科全書」，這套書要宣揚的思想是：用唯物論來對付專制與欺騙。他們這群人說過這樣的一句話：「只有用最後一條牧師的腸子，來絞殺最後一個國王時，人才可以恢復自由。」這套叢書的主旨由這句話就昭然若揭。

「百科全書」編寫結束後，他獨力寫了一本哲學辭典，他用懷疑論來懷疑每一哲學流派，可是他很虛心，只是懷疑，而不是盲目的否定。但他卻指出，許多人有如江湖醫生。他說：「只有江湖醫生才敢武斷一切。我們對於宇宙這基本原理還一無所知，我們還不明白何以我們可隨意活動雙手，我們就用手來描寫上帝、天使、心靈，以及上帝如何創造世界。」

他對這類形而上學毫無興趣。另一方面，對自由狂熱的盧梭卻是宗教的辯護士。依盧梭自己說，不須要甚麼證明，人只要把信仰放在人性上就可以了。這些人性，例如敬畏之心、神秘之感。這種想法不符合邏輯，只是情緒的煽動。古往今來這樣的宗教理論，根本不須要一個哲學家來說，任何一個無論信甚麼神，由耶和華到觀世音的老太婆，都可以說

得出來。

　　所以如果將伏爾泰和盧梭加以比較，很簡單，自由主義
是他們的共通點，可是一落到現實，他們的神學和政治學就大
不相同。伏爾泰要求秩序，盧梭則對任何秩序都否定；伏爾泰
反對宗教的濫權，盧梭卻將宗教視為心靈的最終歸宿。

伏爾泰　　　　　　　　　　　　盧梭

　　佛家的觀點無法評價他們兩人，因為他們沒有自己的哲
學理論，但卻可以說，他們所倡的自由是正義的，因為也是原
始的，可是後來自由之名已被盜竊，成為強國欺騙弱國的制高
點，一提自由，人人都得攝服，這樣，自由就反而變成是非軍
事擴張的開山斧，宗教、政治、文化與經濟的擴張，無不拿自
由來開路。

　　自由之名為甚麼有這樣的威力，佛家稱之為「名言顯

現」，人多只按着名言的表義來思考而不管事實；也可以這樣說，事實反而不重要，只須要用名言來包裝，那就可以欺騙世人，最要緊的是，可以欺騙敵國，讓敵國的人民都向名言崇拜，那就可以和平擴張，無需鴉片。

伏爾泰跟盧梭都不知道「名言顯現」這回事，若知道時，他們的熱情恐怕就會冷卻，又或者，他們會寫一本「自由哲學」，預言名言被偷天換日之後的可怕。

如今，我們跟這兩位哲人已相距二百多年，伏爾泰的自由、盧梭的自由，以至林肯的自由，華盛頓的自由！

十二　康德

現在應該輪到談論康德（Immanuel Kant, 1724-1804）。他是十八世紀最重要的哲學家。

在康德以前，哲學是英國經驗主義的天下，洛克、貝克萊、休謨，一個接一個君臨哲學世界。他們有同一的特點，即是都屬主觀主義，由是成為個人主義的溫床。

法國的啟蒙運動雖然有伏爾泰和盧梭，但他們只表現得熱情澎湃，在哲學深度方面顯然無法跟那三個英國人相比。可是當英法兩國的哲學思潮一同發生影響時，那就變成主觀的個人主義，是名自由主義。

然而自由主義卻沒有完整的哲學基礎，充其量它只能說是思想。伏爾泰與盧梭固然不能提供，連英國的三位哲學家都不能。

　　由笛卡爾説起。他的兩隻時鐘，説明精神不能推動肉體，肉體不能推動靈魂，那麼，「我思」的「我」，既然不能推動肉體，那就不能説是絕對的唯心，那麼，又怎能強調自由意志呢？由此影響，洛克便也有點三心兩意，因為他主張的「單純觀念」，定義為「事物依自然方式作用於心靈上的產物」，主導的忽然又變成是「事物」，那就如同笛卡爾那只屬於肉體的時鐘。有了這些矛盾，自由主義就可以受到質疑，對於它，能理性相信，抑或只能盲從輕信。

　　盧梭紅極一時，其實只是因為社會在當時已經對理性與觀念不耐煩，一時改為崇尚感情，那時沒有人會提出哲學上的質疑，盧梭因此才可以公然提出，感情優於理智。

　　就在這樣的人文背景底下，催生了康德的哲學，如果沒有上述這種種先導，康德未必能夠提出「純粹理性」（pure reason）這個原理，為自由主義鋪平了哲學理論的大道。而且，當時被自由主義破壞了的知識和道德，康德也把他們保護起來，跟自由主義兩不相犯。

　　德國詩人海涅（Heine）這樣形容康德：「起床、喝咖啡、寫作、講學、吃午飯、散步，都有一定的時間。他的鄰居一見到他穿上灰色外套，拿着手杖向那菩提樹小徑走去時，他們就知道一定是下午三時半了。」

　　矮小、體弱、怕事、謹慎，這樣的一位哲學教授，遲到五十七歲才寫成他的《純粹理性批評》（*The Critique of Pure Reason*）。誰也料不到，竟然不只在哲學界掀起風暴，而且居然可以掀起政治的巨浪，時至今日，他的哲學又被化妝為新自由主義，成為經濟霸權的擴張工具。

要理解他的《純粹理性批判》不容易，至少比其他的哲學思想要難一些，所以，現在且先談一下他的基本思想。

康德在政治上和神學上，都贊同自由主義，當然也主張民主和人權。他說：「人的行為要服從他人的意志，那是再可怕也沒有的事。」他有進化論的思想，早於達爾文（Charles Darwin, 1809-1882）至少半個世紀。他認為，史前人類和今日人類不同之處必定甚多，然而自然如何使人能進化，以及進化的原因，我們則不得而知。所以他懷疑上帝，晚年維護基督教，只是道德上的需要。

因為懷疑上帝，所以他認為其他的星球一定有高級生物，離太陽愈遠的行星、歷史最長久的星球，會有比我們還要先進的生命。這些說法實際上已經向耶和華挑戰。

從上來所述，我們看得出當時這位鬱鬱不得志，安於淡泊的大學教師，其實在心胸中已經孕育了風雷。

他的《純粹理性批判》於1781年刊行，據說寫了12年之久。這樣說來，他大概在四十歲左右時就開始了他的哲學寫作。這一年是他人生的分水嶺。他活到八十歲，在當時可稱長壽，將80歲分成兩半，就恰好可以說，他前半生研究自然科學，後半生則轉為哲學研究。但也許這樣說更為恰當，前半生是他的哲學醞釀期，他將英國的經驗派、法國的自由派當成酒釀，釀成美酒，灑向天上的群星，以及自己的心胸。所以他的墓誌銘是他自己說的一句話：「有兩件事，愈思考就愈覺得震撼與敬畏，那便是我頭上的星空和我心中的道德標準。」

這句話，有人把它解釋為佛家的出世與入世，然而不

然，這其實只代表他對宗教的質疑，頭上的星空已超越了宗教，為了道德又需要宗教，然而宗教之所為又到底是否符合道德標準呢？他因此震撼，亦同時對大自然與道理敬畏。

康德最重要的哲學著作是《純粹理性批判》。這本書，不是對「純粹理性」作批判，而是建立純粹理性，從而作出分析。因此我們要理解這本書，不妨將書題改譯為「純粹理性判定」。

要理解這本書，我們應該照現代英國哲學家羅素（Bertrand A.W. Russell, 1872-1970）那樣，先弄清楚哲學命題。下面即是羅素的說法——

第一類命題，是「分析」與「綜合」的區別。所謂分析，即謂語為主語一部份的命題。例如「高個子的人是人」、「等邊三角形是三角形」。這種命題可以令錯誤的見解自相矛盾。譬如說，你若說「等邊三角形不是三角形」時，矛盾就顯露出來了。

至於綜合命題，則凡是由經驗而知的，都可以歸入此命題之內。例如氣象報告說「星期二是下雨天」，這是基於他們的專業知識而來的說法，可以稱為經驗，但無論準或不準，我們都無法發現這句話的真理。可是，康德雖承認綜合命題，卻不承認綜合命題一定要通過經驗而成立。這是反傳統的說法，因此也就引入到第二類命題了。

第二類命題是「經驗」和「先天」的區別。經驗命題借助於感官知覺（佛家稱之為「現量」），所以一切歷史、地理的事實，以及科學的觀察都屬這類命題。

　　至於先天命題，雖由經驗可以將它引導出來，但於認知之後，則可成立其經驗之外的命題依據。如小孩數兩隻手指，再數兩隻手指，由是知道他自己數出四隻手指。但當一旦理解　2+2=4　這一命題時，他就無須要靠數手指這感官知覺的經驗了。這時，他已歸納出先天命題。康德主張這種命題。

　　那即是說，康德主張的哲學命題，是先天的綜合命題。

　　然而我們怎樣能得到先天綜合判斷呢？《純綷理性批判》即是這問題的答案。

　　現在，再弄清一下「先天綜合判斷」的涵義。

Wikimedia Commons

康德

　　哲學家有兩派，一派重理性，一派重經驗。那麼應該用哪一派的觀點來研究哲學呢？依前所說，當然是理性。也即是說，康德認為應該從普遍真理中推出事物的真理，而不是從經驗出發，通過觀察，由是得出普遍的真理。所以他主張的是理性，而非經驗。

　　可是怎樣來定義理性呢？亦不能憑經驗來定義，一牽入經驗，真理就會受到歪曲，所以應該用「先於經驗」的觀念來代替經驗，是謂之「先驗」（A Priori）。

　　一有了這「先驗」，問題就簡單了。康德跟其他哲學家不同的是，他們一用綜合，就必然要走入經驗的範疇，而康德則不然，雖用綜合命題，卻能超越經驗而建立先驗。倘若建立成功，這就成為一門革命性的哲學，前無古人，後來者亦不能不跟着他「先驗」。

　　這樣一來，現在的問題就變成是：如何合理地建立「先驗」並付諸實用。

　　為此，康德將問題分成五部份來解答，即是：1先驗感性論；2先驗邏輯論；3先驗分析論；4先驗辯證論；5先驗方法論。

　　這就是《純粹理性批判》的全部內容。我們且將之慢慢消化。

　　經驗學派認為：知識由感覺（sensation）而來。休謨認為，他已經證明了幾件事：1心靈與科學都不存在（只是感覺）；2心只不過是一連串相續的觀念（一連串感覺）；3一切實在的事件並非必然，只是或然（感覺也是或然）。

康德認為休謨錯誤，因為透過感官得來的知識，必然受到歪曲，這就不純粹了。純粹的理性，必須是不透過感官得來的知識。

因此，不純粹的理性不能看到必然性，只能說是或然，因為將知識視為由感覺而來時，感覺的或然性就變成知識的或然性。所以休謨其實甚麼都沒有證明，因為大前提就已經錯誤。這樣一下子，康德就完全否定了英國經驗學派的哲學。

然則先驗到底是甚麼？其實只是說，在我們還沒有任何經驗以前，就有一種不變的先天知識，這才是普遍的真理，現在我們說的可以稱為「先驗哲學」，它的目的，即是研究感覺經驗之外的「心」及其思維法則。絕對而且必然的真理，即來自此天賦的「心」的作用，此稱為「心」的形式。

這先於任何經驗的天賦的「心」，不受經驗影響、不受感覺支配，亦不是內在觀念的相續，而是具活動力的機理。它將混亂的經驗整理成秩序，由是知覺即便成為觀念（idea）。

說到這裡，就要定義：何謂感覺、何謂知覺（perception）。

感覺就是對於刺激的覺知，譬如色之於眼、聲之於耳、香之於鼻、味之於舌、冷熱之於皮膚。這些覺知慢慢就變成經驗，但卻不能稱之為知識。

至於知覺，應該定義為有秩序的感覺。感覺在心中本來雜亂無章（所以經驗亦無秩序）。當先於經驗的天賦的心，將感覺整理成為有組織時，這有組織的感覺就成為知覺。這才可以稱為觀念，也可以稱為知識。

　　所以，現在的問題便變成是，先驗的心如何能將感覺組織成有秩序、將經驗組織成有秩序？

　　如果依照洛克和休謨的說法，他們認為感覺成為有秩序是自發的，康德則反對這說法。他認為，種種不同的感覺經過種種不同的通道傳到內心，這些感覺有如無數打聽消息的探子，各自搶着去向「心」報告消息（所以沒有秩序），假如心沒有整理的功能，那麼一切情報都沒有用，幸而心可以整理，一如主帥懂得整理情報，他並非只是接收情報，而是組織與安排。我們由是得到知識。

　　而且，我們不是將全部消息一視同仁地接收，我們只接收適於當前所需的一系列感覺，將之組織成知覺。

　　譬如說，當我們的耳傳來聽到刺耳警鐘的消息、眼傳來見到起煙的消息、鼻傳來嗅到焦味的消息、皮膚傳來溫度增加的消息，我們的心立刻就會把這些消息組織起來，再命令眼去觀察是甚麼東西着火。假設這時燒焦的是一鍋食物，心絕對不會去理會，這是牛肉燒焦的焦味、或者這是牛肉還沒有燒焦的氣味等等不適時的情報。

　　因此心其實是感覺的主人，是思維的主人，心可以隨時作出選擇，只要這感覺（或要這一系列感覺），除此之外，其餘的感覺即被捨棄。

　　然則心是如何選擇且組織種種感覺的呢？康德說，由時間觀念、由空間觀念。在這裡，康德有一個前提，時間和空間都不是客觀的實在，只是內心主觀的觀念，所以，時空的觀念便是先驗，即不是我們能觀察得到的外在事物，而只是知覺的形式（form）。

　　說時空是先於經驗的觀念，是因為我們的經驗都要依時間與空間而成立。時空後於經驗，或與經驗同時成立，都是不可能的事。因為我們所感知的事物必處於不同的空間、不同的時間，我們不能於感知的同時，甚至於感知之後才為它建立時空。「那枝我用慣了的筆」，這感知便有空間了，是那枝而不是這枝，同時亦有了時間，是「用慣」的一枝，而不是「剛買回來」那一枝。

　　康德依此而言，時間與空間不是概念（conception）而是「直觀」（intuition）。即是對先於經驗而存在的事物作觀察。

　　談到這裡，可以為「先驗感性」下一定義，即是：人的感覺材料，經過天賦的直觀形式去整理，整理後之所得便即是先驗的感性知識。這裡，所謂直觀形式，便即是時間與空間。

　　用如來藏思想怎樣評價康德的「先驗感性」呢？

　　人類所稱為「知識」的，到底是甚麼？佛家說，即是「名言顯現」。人先建立自我，有了「我」就有「我所」，我所見、我所聞等等，這些即康德所說的，透過感官得來的認知，即是感覺。但人不可能只住在感覺的範疇裡面來認識感覺，這樣，他們就要建立「名言」。一建立，糖的味道就叫做「甜」、玫瑰花的氣味就叫做「香」，以至管理社會的人叫「官員」、官員的思維與決定叫「政治」，那麼，人就可以將感覺提升，變成種種概念，然後生活在這概念世間。這時候，事物與概念即成為名言顯現，而且將名言顯現當成知識。

　　所以，現在康德所做的事，只是否定了名言顯現。然而否定之後，他提出的「先驗感性」，其實亦不可以說是絕對的真理。因為時間與空間本是客觀存在，在如來藏的相礙緣起中，時空是與生俱來的局限，生命要適應這個世間的時空才能在這世間存在與顯現，譬如說，兩度時間的世間，即使同樣是三度空間，我們亦只能承認他存在，但卻不能見到他顯現。所以時空絕對客觀，並不依人的內心而變質。可是現在康德用的時空，卻是主觀的時空，這就可以討論了。

　　說是對時空「直觀」，那是企圖盡量脫離概念，這應該是不可能的事，人的認知不可能脫離概念，即使是先於經驗而存在的事物，也須要給它一個名言，充其量是在名言範疇內再加一個概念：「先驗」，譬如「先驗的時空」。甚至「感性」亦是這樣：「先驗的感性」，那只能表達這些概念與一般人理解的概念不同，並不能離開概念的本質。

　　這樣說時，也許令人不安，康德化十二年時間研究之所得，給簡單的「名言顯現」就否定了。然而不然，我們其實並沒有否定，只是指出他不究竟。從認識來說，康德顯然比他的前輩哲學家跨越了一大步，那就是對經驗的超越，否定了由經驗可以建立知識，那已經是對一切名言的真實性作出否定，等如說，凡落名言必不真實。此即是如來藏智識雙運界的立場：在識境名言真實，是為世俗，在智識雙運界，名言不真實，這是辯證。

　　現在，問題只在於將先驗的時空作為整理感知的依據這一點，康德認為可以成為依據，我們則認為，成為依據的條件尚未充分。

如果問，要有甚麼條件才能成為整理感知的依據呢？依如來藏思想而言，這問題亦不難答，你不是說「天賦的直覺形式」麼？這便即是識境所依的智境，佛家說佛內自證智境法爾，是可說為天賦；可以將智境視為識境所依的基礎，那便是直覺形式。因此一定要站在智境與識境雙運的立場，才能建立對識境的正確認知，是則將對智識雙運界的認知，稱為先驗感性的認知似亦無不可。

康德由感覺進入到思想，便覺得有為思想建立「範疇」（category）的需要。因為只憑時間與空間，不能建立秩序。

他從邏輯形式建立了四組「先驗概念」，亦即天賦的概念，每組三個，共成12個。

關於量的一組：單一性、多元性、整體性。

關於質的一組：實在性、否定性、限制性。

關於關係的一組：實體與偶然、因與果、相互作用。

關於模式的一組：可能性、存在性、必然性。

這範疇不是對思想的描述，而是將「知覺知識」提升為「概念知識」的工具。也即是說，知覺知識只能認識事物，概念知識則可以認識事物的質與量、事物的關係如因果、以及有關事物的法則，如可能或必然等等。因此，知覺一旦被安排入範疇之內，便井然有序，可以成為概念（亦可稱為觀念）。

因此在先驗分析方面，可以這樣來總結 ——

（1）將外界刺激組織成秩序，就是感覺（sensation）。

（2）將感覺組織成秩序，就是知覺（perception）。

（3）有組織（納入範疇）的知覺，就是概念（conception）。

在這裡，所謂「有組織」，即是經我們的思想，由外來事物給我們的感官刺激開始，依層次加以秩序化，使之互相間有連繫而統一。這就可以成為科學的法則、哲學的法則。

然而在這裡，依然是先驗的。即是説，一落入邏輯與分析，我們思想可依靠的先驗工具便共有三種：時間、空間、思想範疇。它們都先於經驗而存在，卻為一切經驗不可或缺的內涵。

對於康德這部份思想，如果拿如來藏的四重緣起來評價，是落於相對緣起。有秩序與無秩序相對，他的思想範疇，則是將無秩序化為有秩序的法則。

在他以後，相對論出來了，令科學的相對性得以確定，科學家再不去追求絕對，這也可以説，科學是由哲學的絕對回歸為哲學的相對，這一點，康德在理論上是領先了一步。

然而量子力學的發展，則似乎已令科學開始進入「相礙緣起」的世界。一粒電子，可以顯現為波、亦可顯現為粒子。那即是對相礙條件的適應，這就已經超越了相對性的哲學。哲學家應該急起直追，由相礙緣起來建立超過了「先驗」層次的哲學。

其實目前在政治經濟學方面，已經有人暗中建立相礙，舉例來説，譬如拿「自由」來做制高點，那就是消費國向生產國製造出一重局限，要生產國順從着他們的意願來適應，由是就可以把生產國變成自己的經濟殖民地。生產國倘若沒有「橫

豎橫」、「大死一場，脫胎換骨」的決心，恐怕就很難打破消費國製造出來的相礙，重新創造自己生存的條件。

　　所以，康德的哲學，以經驗與先驗的相對為基礎，以秩序與無秩序的相對為思想範疇，在今日來說，雖未完全過時，但恐怕已很難應付現實。

十三　黑格爾

　　黑格爾（Georg W.F. Hegel, 1770-1831）的哲學是對康德哲學的發展，雖然黑格爾批評康德，可是，他談到概念時，他也認為他自己所說的概念，即是康德的「範疇」：數量、性質、關係、存在等等。

　　黑格爾不分析推理的方法，只分析用於推理的概念。在這方面，關係最重要。他否定「純粹的實在」即是根據「關係」，一離開「關係」，「實在」就不存在了。

　　一切「關係」，以對立的關係最為重要。思想、事物，都有它相反的一面，因此他便成立他的辯證理論，用以說明正反兩面的統一，那就是「正反合」的思維，即是：真理是正反部份有組織的統一。思想的進化、事物的進化就是這辯證過程。例如一個思想，引起它的相反，當正反互相聯合時，便形成一個層次更高、概念更複雜的統一，由是思想便進步了、深化了。當然，這說是統一了的思想亦會有它的反面，那就可以又進一步聯合與統一，由是層次更高。

　　那就是像費希特（Johann G. Fichte, 1762-1814）所總結那樣：正、反、合的程序，是一切進化的公式，也是一切「實在」（reality）的秘密。

Wikimedia Commons

黑格爾

　　黑格爾把事件與思想的關係，歸結為正反的對立，那恰好就是佛家所說的「相對緣起」。《入楞伽經》中大慧菩薩問佛「內自證趣境」（pratyātmagatigocara，可理解為佛對識境的認識），於是即由「相對」而問，釋迦不直答其所問，卻提出更多的相對概念，如生與不生、輪廻與涅槃，由是開展「百八句義」：生句非是生句；常句非是常句、相句無相句、安住與變異句，以至文字非文字句等等。佛的意思是，若由相對而問識境中的事物與概念，可謂問不勝問，那是認為不應落於識境的相對來觀察識境。

　　然則應如何觀察呢？釋迦由是說三自性，而以「圓成自性」為真實。對於圓成自性，唯識今學的理解不同如來藏思想。如來藏思想認為一切事物與概念其實都有它們的局限，有甚麼局限就能適應這局限（名相叫做「任運」），那麼，事物或概念就可以圓滿成立（圓成），由是而成為「有」

（存在與顯現）。

當這樣來評價時，就可以看出黑格爾的不徹底（不究竟），他所說的只是如來藏思想的第二義，在第二義中所說真實。

在第二義中，如果認為「合」即是正與反之間的中點，那就可能對黑格爾理解錯誤。佛家的「中道」，恰恰就是黑格爾所說的「否定之否定」。例如佛家說「非常非非常」，若將「非非常」看成即是「常」，那就錯了，那就只是常與非常的相對，「非非常」正是否定之否定，若用「非常」來否定常，便應該再用「非非常」來否定「非常」，即恰恰便是黑格爾的辯證論。這樣的辯證，在西方哲學是史無前例，可是在東方，這思想的廣泛流傳則已見於西元二世紀，超前西方哲學一千六百年。

這辯證，雖然以相對為基礎，但於辯證中其實已經超越相對，所以是高於相對層次的建立。費爾巴哈（Ludwig A. Feuerbach, 1804-1872）否定黑格爾，卻未能認識他辯證論的重要，所以馬克思（Karl H. Marx, 1818-1883）在評論他的「提綱」中說：「對對象、現實、感性，只是從客體的或者直觀的形式去理解，而不是把它們當作人的感性活動，當作實踐去理解。不是從主體方面去理解。」這即是說，費爾巴哈的唯物論仍然具有形而上學的色彩，他只就佛家所說的「所知」來確立客觀世界的現實性，卻將人的「能知」只看成是單純的思想，由是忽略了與思想同步的感性活動。佛家則不然，於識境中不否定一切感性活動，是如《入楞伽經》之所言：「於因緣中不失壞」，那就是將感性活動視為因緣圓滿的果，由是加以認許。那同時也就認許了實踐。因為在

識境中，不可能只有思想而沒有思想活動。

十四　叔本華

西方哲學家中，叔本華（Arthur Schopenhauer, 1788-1860）對東方哲學關係最深，他說自己的哲學以康德、柏拉圖、《奧義書》為源頭。

《奧義書》是印度教的典藉，讚揚人有梵性，這即是自然的本性。叔本華的哲學，以人的「意志」（will）即是自然（表象世界），恐怕這裡頭就有了《奧義書》的因素。

除了印度教之外，叔本華亦受佛家思想影響甚深，可是他卻將佛家的空性理解為虛無，由是成為悲觀主義，這就值得用佛學來加以討論。

叔本華對康德的批判，在於他主張直覺是認識的作用，而這直覺則為非理性。如是直覺，即成立他的意志世界，亦即不是康德的「純粹理性」可以認識到的世界。

意志對他來說，即是生命力，所以理性不能夠引導意志。由是可以說意志即是世界的本體，世間一切都只是表象，而這些表象，恰恰就是人生存意志的表現。在這層次，人的意志與肉體便變成同一。他說：「意志活動與身體活動，並不是由因果關係連結起來的兩件相異的客觀事實，它們並無因果關係，實為同一的事件，只不過是用不同方法而作用。」

意志與肉體的作用，一為直接作用、一則為在知覺中的顯現。因而身體活動無非只是將意念作用客觀化。甚麼叫做客

觀化呢？他說：「牙齒、咽喉、腸胃是客觀化的饑餓；生殖器是客觀化的性欲。」

那麼，理性還有甚麼作用呢？我們總不能說人根本沒有理性，只有意志。這時候叔本華從柏拉圖那裡借用他的「理念」，他認為：由生存意念產生理念，然後再外化為表象。由此他就得出一個結論：萬物只是幻影，真實的存在是理念，一切事物只是理念的影，它的本質則是能產生理念的意志。

Wikimedia Commons

叔本華

他這個構思，只是貌似佛家的空性，與其說他由佛家而來，倒不如說是由印度教的大梵思想而來。

　　印度《奧義書》有「範疇」的建立，用以說明精神、物質世界的基礎。例如：地、水、火、風、空（五大）是物質基礎；意、覺、我慢、心、光（五意識）是精神基礎等。然則，又由甚麼來產生範疇呢？在古老的《廣林奧義書》即已提出，是「梵」。這即是說，由屬於精神界的梵，可以產生世間的物質原料。

　　至於人呢？說是有一個「遍我」，同時有一個「命我」。若表現為遍我時，人與梵同體；若表現為命我時，則是肉體的意識與靈魂。這兩個可以統一，因為他們同一本體。統一的方法就是修習瑜伽。

　　叔本華沒有將意志牽入宗教範疇，所以不須要建立梵，他說的意志，應該即是命我。但命我具有遍我的本質，當這麼構思時，意志自然就可以成為世界的本體。

　　佛家說空，從緣起來說。雖然在觀修方面，是先建立一重「緣起有」，然後用較高層次的緣起來超越這重先立的「緣起有」，但若從總的方面來說，則是由緣起來成立事物為有，同時又由緣起來決定事物的空性，可是，叔本華卻沒有將緣起思想用之於他的哲學。這樣一來，他便陷入虛無。因為在他的哲學範疇中，不可能把「緣起有」建立起來，同時亦不認識由緣起如何而說空。

　　一陷入虛無，人生便只有痛苦。所以他是絕對的悲觀主義，由是他建立了惡的世界。藝術則須要提升心靈，使之進入超意志的境界，換而言之，這也是對惡的世界作暫時的逃避。

　　叔本華由是說到涅槃，涅槃即是超越意志的安靜。這一點，叔本華可能從佛家而來，但這只是小乘的涅槃，他把涅

槃看成為「寂滅」，這便有點像小乘人企圖滅盡一切感官覺
受，進入一個離意識的狀態。叔本華也認為，人唯有這樣才
能永久安祥。

　　然而佛家並未有將這種涅槃視為究竟，究竟涅槃不住於寂
滅，針對小乘，便把這究竟涅槃稱為無住涅槃。

　　對於世界，佛家亦說之為苦。叔本華說一切滿足只是痛
苦的消極停止（而不是積極終止），這也是佛家的觀點，但
佛家卻並不因此而悲觀。為其麼呢？因為佛家建立了滅苦的
「道」，那就是人在精神層次上的提高，到了不執着於「我」
時，人就可以不為世間的苦所苦。叔本華沒有談到「我」的
問題。

　　因此，叔本華雖在自己的書房供上一尊佛像，但畢竟如
他自己所說，東方哲學影響他的還是以《奧義書》為主。

十五　尼采

　　尼采（Friedrich W. Nietzsche, 1844-1900）雖然受叔本華
的影響，但兩人的主張卻是一個對比。同樣是悲觀，叔本華
傾向於人生的解脫，然而他卻完全失去佛家的入世精神。這
由於他的生活造成，他富有，生活得十分閒暇，由閒暇而無
聊，由是他厭倦現實生活，所以他一方面悲觀，一方面卻相
當暴燥，可以將一個縫紉婦推下樓梯，以致令其終生殘廢。
尼采同樣悲觀，他的人生亦像叔本華那麼枯寂，而且身體長
期染病，在人生最燦爛時就染上間歇性的神經病，加上長期
頭痛，後來加上無藥可醫的眼疾，死前十年靠年老的母親照

顧、母親死後，唯一照顧他的人就是他的妹妹，他的一生，也只認識這兩位有慈心的女性。但是，他卻將他的悲觀引向另一方面來化解，那就是對「力量」的崇拜，由是創造出他的「超人」，查拉圖斯特拉（Zarathustra）。

查拉圖斯特拉原來是波斯一位先知的名字，他崇拜波斯的酒神，主張放縱的醉與歌。這恐怕就正是尼采所企求的精神出路，所以借用了他的名字來命名自己的超人。他反對叔本華的靜穆，也反對康德的理念，這些反對就是超人的性格。

可以說，叔本華的「意志」，一入到尼采的哲學範疇，就變成是至高無上的存在與真實，是謂超人。我們且從幾方面來評價他。

他寫《查拉圖斯特拉如是說》那一年，是1879年，三十五歲，正當人生的成熟期。他要放棄自己對浪漫主義音樂的理想，躲入冷靜的哲思，於是躲入阿爾卑斯山。他說：「於善惡的彼岸，享受光、享受影。」正於那時，「查拉圖斯特拉走過我的身旁」。

這位超人就是他的意志，他的信仰，也是他的永恆與實在。當浸淫自己於自己的意志中時，他不像叔本華那麼感到一無所有，而是「一如採蜜過多的蜂，感到疲倦。」

一開始，查拉圖斯特拉下山。在山中他經過冥想，所以下山來想向群眾講道，然而群眾卻只管看走繩的雜技。走繩人忽然失足跌死，群眾沒理他，查拉圖斯特拉卻走過去將他背走，說道：「因為你將危險作為職業，所以我要親手埋你。」

© Gustav-Adolf Schultze / Wikimedia Commons

尼采

　　就這樣，開展了超人的基本思想，把危險當作遊戲。當人崇拜力量而不是崇拜理念時，危險是當然的遭遇。尼采自己也曾兩次參加戰爭，第一次墮馬受傷、第二次弄到精神崩潰，幾乎喪命。在這時，在他塑造出超人時，這便是英雄的紀錄，軍人也是以危險作為職業的人，更何況他實在有參加戰爭的意欲。

　　正因如此，所以他反對宗教。他覺得宗教的寧謐只是虛無，或是形式。在此以前，他曾因音樂家華格納（Richard Wagner, 1813-1883）的歌劇，有了宗教色彩而非純粹浪漫主義而跟他絕交。他發表評論攻擊華格納，說華格納「諂媚種種佛教的虛無、諂媚基督教的形式及表現」。

　　所以查拉圖斯特拉下山時碰到一位老隱士，跟他說神。老隱士走後，他說：「這年老的聖者在森林，還沒聽到神已死的消息。」

　　諸神是笑死的。因為他們當中有一位神說：「僅有一個神。在我面前你們不得想自己是神。」

　　這即是對西方宗教的諷刺，建立唯一獨尊的神，即是他們宗教的形式和表現。所以尼采不是主張獨裁，他不是主張國家主義，希特拉（Adolf Hitler, 1889-1945）錯認了尼采的思想。

　　神死之後，應該有新的神誕生，那就是「超人」。人是被凌駕的事物，所以，就要有超人去凌駕他們。這極端的說法，他認為是真理，他在自傳中說：「我是第一個發現真理的人，我是第一個發覺虛偽之所以為虛偽而發現真理的人。」由是，破壞宗教你們將之視為惡，其實他是至善。

　　在自傳中他更說道：「根本上，在反道德一詞中應該會有兩種否定。第一，我否定以往被稱為最高者那種形態的人，即善良、仁慈、寬厚的人；第二，我否定普遍認為是道德的那一種道德，即頹廢的道德，或者說得更不好聽，基督教的道德。」為甚麼有這兩重否定呢？因為他認為頹廢與柔弱，不適用於高揚與肯定的生命，因此所謂善良者，其實是犧牲了人類的未來。

　　人類有兩種倫理觀念，一是貴族的道德、一是庶民的道德，前者是古時候公認的標準，人都認定剛毅、果敢、勇氣、冒險是美德。可是一受東方的影響，西方沒取得東方的精神，卻忽地變成柔弱，於是狡詐的手段代替了力量，是故查拉圖斯

特拉呼籲：「對於遙遠的人的愛，高於你對鄰人的愛。」所謂遙遠的人，即是人類的未來。

尼采這種思想並非邪惡，在他那個時代來說，甘於頹廢才是邪惡，的確如他所說，可以毀滅人類的前途，因此才須要提出一種敢於突破的力量，是即所謂超人。這也許即是佛家所說的「金剛怒目」。尼采批評佛家有「各種虛無」，那只是因為他沒可能知道佛家有一個智識雙運界，而一切識境，都以智境為因，是即一片恆常、大樂、大我、清淨的境界。當認識到這點時，人生就積極了，無頹癈與柔弱可言。佛家沒有神，甚至不能說是像西方那樣的宗教，佛家的聖者亦不以神自居（因此沒有諸神笑死），只是教導人們如何一方面積極地生活，令人間變得美好，一方面又能認識世間的真實，由智識雙運來洞察存在與顯現的秘密。人能洞察時，就有力量。這力量不來自否定甚麼，只來自其自身的洞察，因為當人能知道善與惡的本質時，才能真正登上尼采那個「善與惡的彼岸」。

尼采因此無止境地追求戰爭、追求革命，認為那即是超人的力，實在只是悲觀主義走向極端的百般不安。人的力量在於能夠揭破謊言，那也就夠了。這一點，我們要再評論下去。

尼采主張剷除民主制度，反對自由主義，因為這些思想會令一個有機的整體分裂成各自為政的各個部份。這可以說是尼采的遠見。他預見，「貧窮會變成道德的證據」。

西方的民主和自由發展到今日，難道真的還有神的愛嗎？當然完全沒有，因為已經變成口號，變成強者欺凌弱者

的制高點。攻打伊拉克即是由這制高點出發，結果呢？恰如尼采所説，「在民主主義的原則之下……從而一切陷於紛亂狀態。」如今的民主，從哪裡可以看出它還有一點滴的愛──佛家所説的慈悲。所以尼采説，敢對這些欺騙説「不」的，才是超人。

你也許會問，真正的民主自由呢？尼采絕對否定有這回事。他説，基督徒和條頓族征服了歐洲，「一群金髮碧眼的野獸、一個用征服者和主宰組成的民族，有非凡的軍事組織能力，他們放肆地伸出可怕的魔掌，控制人口遠比他們眾多的民族，建立了國家，根據契約立國的幻夢也成破滅。一個有能力指揮的人、一個天生的主宰、一個能以事業震動世界的人，還要甚麼契約！」

他真的預見了東方的命運，鴉片戰爭、八國聯軍，以至最近的阿富汗和伊拉克，「可怕的魔掌，控制人口遠比他們人口眾多的民族」。這控制又不限於軍事，可以變成宗教形式、文化形式、經濟形式，遭焚燒和掠奪的就不只是圓明園。

所以他説：「商人、基督徒、牛、女人、英國人，以及其他的民主主義者，都是屬於同一類型的人。」他瞧得真遠，看到了民主只是吸引奴隸的旗號。所以，生產國會不會變成西方民主的奴隸，將物質資源與人力資源奉獻給拿着民主旗幟的主人，真的是應該警惕的事。在這方面，對尼采的洞察我們千萬不可反感，不可以辭害意，不可受名言所困。

總結一句，尼采以為他自己愛世人，所以提出挽救世人唯有超人的力量。然而超人也實在不能摧毀許多人為的「相礙」（局限與條件），因此，如何改變相礙，才是人類幸福的

出路。這便即是，改變這個經濟殖民、文化殖民的社會。這才是對人間的真愛。

十六　邊沁

跟尼采相反的，是英國哲學家邊沁（Jeremy Bentham, 1748-1832），他先於尼采，可是他的哲學對社會的影響卻不及尼采。他被稱為功利主義（utilitarianism）哲學家，他的成就主要在於立法的觀點。

他有兩個哲學觀點，一個是聯想原理，一個是功利原理（最大幸福原理），現在先談前者，因為有生物學上的證明。

俄羅斯生物學家巴甫洛夫（Ivan P. Pavlov, 1849-1936）發現了生物的「條件反射」，即是：若生物於受到A刺激時會產生B反應，現在，當作A刺激時同時又作C刺激，如是屢屢而作，那麼，即使沒有A刺激而只作C刺激時，同樣會起B反應。

巴甫洛夫作的只是生物學研究，完全無意證明邊沁的聯想原理（況且，巴甫洛夫出生時邊沁早已過世），但假如將他的A、B、C刺激與反應改換成A、B、C觀念，那麼，就可以說巴甫洛夫是證明了觀念的聯合原理。於是，這就變成是心理學的事了。

至於後者，可以說是唯樂主義，或者唯幸福主義，此亦即所謂功利。他認為：善便是快樂（亦即幸福），惡便是痛苦。所以他反對虐待黑奴、虐待動物，「一個人不能因為皮膚黑就要遭受任意的折磨」；「腿的數量，皮膚的絨毛，不足以作為遭受厄運的理由」；「問題不在於他能推理嗎？它

能説話嗎？而在於會感受痛苦嗎？」

　　如果他碰到尼采，兩個人的討論會很有趣。尼采會説超越善惡才是長遠而言對人類有益的事；邊沁卻會説，我的善惡，不是你要超越的那種頹廢的善惡。這樣，他們就會討論到倫理和道德，討論到超人與平等。他們兩個人應該可以談得攏。

　　他提出：生存、富裕、安全、平等是立法的四項目的。在這裡，他沒有提到民主和自由，也沒有提到人權。他對法國革命家的「人權宣言」，諷刺之為「形而上學的作品」，説它的內容只能歸為三類：無從理解、錯誤、既錯誤亦無從理解。

　　所以邊沁不可能是民主之父，他的哲學亦不可能是自由主義的溫床。然而他卻是資本主義擴張的旗手。對於資本主義的自利，他看作是人類的本性；將資本主義的生存條件，看作是全人類的生存條件，在這方面，他是拿資本主義的相礙條件來規範全人類了，這不叫做愛（當然更不是慈悲），反而是一朵「惡之花」。可是，邊沁自己根本沒有意識到這一點。

十七　總結

　　這輯文字寫到此處為止，西方的哲學決不止於邊沁，本來還有一些重要的哲學家應該一談，只可惜，筆者對當代哲學頗少涉獵，例如柏格森（Henri Bergson, 1859-1941）、胡塞爾（Edmund Husserl, 1859-1938）、海德格（Martin Heidegger, 1889-1976）、高達美（Hans-Georg Gadamer, 1900-2002），甚至美國的約翰杜威（John Dewey, 1859-1952），雖然聲名藉甚，筆者都嫌其繁瑣，少了前輩哲學家大開大闔的氣派。馬克

思（Karl H. Marx, 1818-1883）當然例外，他的哲學氣派很大，將黑格爾的辯證法用之於唯物主義，正如英國哲學家羅素（Bertrand A.W. Russell, 1872-1970）之所言：「他是一個復興唯物主義的人，給唯物主義加上新的解釋。」那即是辯證唯物主義。筆者不將之加以評論，並不是認為他沒有價值，恰恰相反，馬克思哲學研究者眾多，即使在西方，研究者亦「更僕難數」，筆者若然多嘴，何只班門弄斧，簡直是雷門弄鼓。

然而對馬克思的學說，忍不住尚有一言，那就是他未能預見今日資本主義的轉化形式。凡有轉化，依如來藏思想來說，都是主動改變條件，令別人受到相礙，自己則適應這些條件，因而就能得到最大的利益。所以今日的資本主義，目的已不在於工人的剩餘價值，它已變成國際擴張，用哲學包裝（新自由主義）、用經濟學包裝（貨幣主義），「不戰而屈人之兵」，變成是過度消費的資本主義世界，巧取豪奪落後生產國的人力物力資源，逼他們過度生產，由是不得不依賴消費國的訂單。再來一個貨幣主義「衍生工具」，生產國反而實際上成為消費國的哺育者。這種嫁禍於人的狡詐，假如依舊用馬克思的階級理論來評價，便變成是國際資產階級對國際工人階級的鬥爭。階級的成員再不是個人，而是整個國家。

現在已不是馬克思處身的時代，馬克思未能預言的狡詐已漸變成真理，鴉片戰爭已變成是拯救中國的戰爭，在這時候，嘗試用東方的哲學思想來評價西方的哲學，未必有益，甚至會招來強烈的反彈，但這確實是一個小文人的良心和責任。

希望得到公正的批評，以及善意的指正。

第三篇：四重緣起・白螺珠

《四重緣起‧白螺珠》

前言

一　緣起與超越

　　佛家大乘諸宗，無不求現證般若波羅蜜多，如何現證，則諸宗建立不同，故所説般若體性即有差別。

　　此中須知，現證般若波羅蜜多僅為見道之圓成，入初地菩薩位。此際之現證，即現證般若體性。若以為現證般若波羅蜜多即便成佛，此實未知五道次第修證。

　　龍樹《中論》，僅以緣起中道明般若體性，實未説五道修證。彌勒瑜伽行則為五道修證（故《彌勒五論》即可視為五道修證之詮釋）。由是可知此二大車轍之分途，實為一説體性，一説修證。

　　龍樹説般若波羅蜜多體性，由緣起建立中道。一切法由緣生而成有，此落於世俗，亦即其世俗落於緣起；若超越緣起，則見一切法無自性，此則為勝義。世俗與勝義無離無合，是即中道。由是般若波羅蜜多體性，即是一切法無自性而緣生成有。

　　然此所謂「緣生」，實依四重緣起，故其世俗與勝義亦有四重義理。此義深密，本頌即為指出此四重緣起而造。

　　彌勒說五道次第修證，見道之觸證真如，即現證般若波羅蜜多體性。至無學道，則須證般若波羅蜜多之性相用三無分別。由是彌勒始以法相為基、唯識為道、如來藏為果，建立一完整修證系統。其於般若波羅蜜多體性，亦以法相為說，非如龍樹之直說自性。後世稱為相宗、性宗，即依此而分別。

　　然而龍樹雖只說般若體性，但其由四重緣起次第深入，令學人由淺入深證諸法緣生之實相，復同時次第超越此四重緣起，令學人由淺至深證一切法離緣起無自性，斯即為其深。若不知四重緣起義，但籠統說為「緣生無自性」，無四重次第層層深入，是焉能說之為深？

　　相較之下，彌勒瑜伽行諸論涵蓋五道，故說為廣。若以為瑜伽行之圓成性勝義無自性，等同龍樹之緣生無自性，是則彌勒瑜伽行應亦至觸證真如而止，更無其後憶念位與通達位，是焉能說之為廣？

　　故學龍樹，必須完全認知四重緣起及其超越；學彌勒，必須完整認知其法相、唯識、如來藏三者建立。不然則不知法義，且一切修學皆落識邊，無所謂次第證智。

　　今本頌但說龍樹學，故於說四重緣起之同時，亦說四重緣起之超越，此亦本頌之主旨。否則但說四重緣起，無論甚深，仍為世俗，必須同時說其超越，始見勝義。以其實包含建立與超越二分故，是即世俗勝義雙運，是即中道。

二 由「八不」說緣起

青目「四門」

何者為四重緣起？

由淺至深，依次為業因緣起、相依緣起、相對緣起、相礙緣起。《中論》之〈觀因緣品第一〉，首頌即出「八不」，是即說四重緣起相及其超越。此即 ——

（1）依「不生不滅」，說落於業因緣起則見生滅相，超越此業因緣起，則證生滅相之不生不滅體性。

（2）依「不常不斷」，說落於相依緣起則見常斷相，超越此相依緣起，則證斷常相之不斷不常體性。

（3）依「不一不異」，說落於相對緣起則見一異（多）相，超越此相對緣起，則證一異相之不一不異體性。

（4）依「不來不去」，說落於相礙緣起則見來去相，超越此相礙緣起，則證來去相之不來不去體性。

學者說「八不」，每將此四對法置於同一平面，視此為於一平面上從不同角度而說，實未將之視為四層，層層深入。此即不知龍樹之深義，故但能籠統說「無自性」，而不能分別「離業因故無自性」、「離相依故無自性」、「離相對故無自性」、「離相礙故無自性」。如是即無可由修習而次第現證般若波羅蜜多體性，因行人不能自知心識落於何種緣生相執，即無從超越。且以不知義故，即資糧道亦未能悟入。

或疑言：《中論》何嘗有說此四重緣起？

答言：實已有說，此見於〈觀去來品第二〉。今試略說

其理趣。

　　說理趣前，先須明「來去」此名相。於梵文，此作
gatāgata，意為「去非去」，故此品非同時觀察來與去，僅觀
察去與非去。

　　何以《中觀》於第二品，即說「八不」中最後一對法，
而非依「八不」次第而說？此為學人常有之疑點。蓋依常人
心態，第一品若是總綱，則第二品以下當依次說四對法：若
云第一品已說生滅，則至少於第二品亦當說常斷。今第二品
即說「來去」（去非去），實何故耶？

　　吉藏《中觀論疏》認為，第一品說生滅為「八不」之
始；第二品說來去為「八不」之終，「**始終既明，則中間可
領（悟）**」。然此說籠統，以唯說始終，不說中間，非龍樹
造論之通例故，如《十二門論》及《七十空性論》亦說緣
起，何嘗但說始終。

　　今人印順法師以為「去來」一詞，除指動作、運動之
外，尚兼含性質、分量、作用之變化，由是生滅即可說為去
來運動，故說去來亦即說生滅。此可引經為證，經言：「**生
無所從來，滅無所從去。**」

　　然原文實為「去非去」，是則焉能由是代入，而理解經
言為「生無所從非去，滅無所從去」耶？由是知《中論》之
去非去，實非如經所言之生滅。

　　抑且，若將「來去」視為生滅之「運動」，既說不生不
滅，則生滅之運動自然亦無自性，龍樹何須更鄭重而言之耶？

　　如是理解「八不」，即由於不明四重緣起。若知，則當
說第二品之觀去非去，實為四重緣起之總例。

青目論師（Piṅgala）之《中論釋文》，學者總結為分四門而說來去，說為「三時門」、「一異門」、「因緣門」、「有無門」。此即說四重緣起。

「三時門」，謂發、去、住三時，及發者、去者、住者皆不可得，此即說相礙緣起及其超越相對。

「一異門」，謂「去法」與「去者」一異相對，此即說相對緣起及其超越相依。

「因緣門」，謂「去法」及「去者」實相依而成立，相互為緣，此即說相依緣起及其超越業果。

「有無門」，謂「去法」及「去者」緣生無自性，此即說業因緣起而超越世俗之執一切法為實有自性。

於此四重緣起，下來當更細說，今但須指明，唯說去非去始能由甚深緣起，次第向下建立，如是總括四重緣起。

或言：何以必須觀去非去，始能總括四重緣起？

答云：此以龍樹依其自立之體例故。龍樹以生滅建立業因、以常斷建立相依、以一異建立相對、以去非去建立相礙，四者皆後後深於前前。是故必須由甚深之相礙緣起，始能層層向下安立而成總例，若說一異，依體例則只能說得三門：若說常斷，依體例則只能說得二門，若說生滅，依體例則只能說得一門。是故第二品欲總說四重緣起例，自非說去非去不可，否則體例即成混亂。

或更問言：生滅是否只能用業因緣起作說，而不能用相依、相對等？

答言：此不可一概而論。雖然可說滅依於生，但於說生

依滅時即須作深層理解（此見於《七十空性論》），故龍樹即將生滅現象歸之為業因緣起。然而論主自有其主旨，龍樹由淺至深而立「八不」，復說「去非去」而由深至淺說其例證，此即是其造論所設之脈絡，讀者於此不宜啟諍，否則即無從理解論主之所欲言。

下來當細說此四重緣起，知之，則當知周遍一切界之緣起建立與超越。如是即明何以必須以去非去說總例。

相礙緣起

相礙緣起者，謂一切法皆由相礙而成立。此義甚深，故龍樹即以去非去為例證。

去、非去如何成立？此實說時空之相礙。今且說「時」，以較易明瞭故。

於我器世間，時間為一度，故可以一直線表示。如圖所示，所謂「去」者，其實即依發、去、住三時而認知——

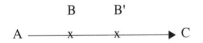

此中A為發時；C為住時（已去時）；直線上任何一點，如B、B'，皆為去時。

依此而觀察，A與C自然互成相礙，即於A時不能同時說有C時；已至C時則不能同時說有A時。同理，直線上任何一點皆互成相礙，如B礙於A、B'礙於B等。亦正由於有彼此相礙，始能建立為發時、去時、住時，否則即無運動可言，如是即

無從見去此現象。如是即三時相礙義,即謂三時皆依相礙緣起而成立。

　　然而若於二度時間之器世間,時間可往來,是則如圖所示。

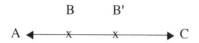

　　此際A與C為發時抑為住時,B與B'為去時抑為來時,皆不可知,此即成立去非去。然此成立,實由二度時間對一度時間作礙而成,此又較前例直線上之點點相礙為廣。

　　由此例,於廣,可說輪廻界與涅槃界為相礙。礙涅槃則成輪廻,礙輪廻則成涅槃。且各各不同時空之器世間,亦可知由相礙而成立,如我器世間即受礙於一度時間、三度空間。

　　於狹,可說為由相礙而成法。礙於光波頻率而成光譜上一切色;礙於生理條件而成男女;以至礙於物質、形狀等而成一切事物;礙於思維而成經驗與定義等概念。

　　正以此之故,始能離相礙而同時現證「離四邊」,以有;非有;二俱(亦有、亦非有);二俱非(非有、非非有),皆由相礙緣起而成立,離相礙,即不落四邊而無礙,是即現證輪涅平等。由時間而說相礙緣起,今人則尚能明瞭,於古代,無不同時空及時空元次之概念,是即難說,故甚深緣起實難了知。以難了知故,龍樹唯以去非去作為例證,以唯此易明三時之相礙。生滅、常斷、一異等固未嘗不可說為依相礙而成立,但若以之為例證,則恐讀者難明。

相對緣起

相對緣起者，說為一異，即一與多之相對。此如鏡室燈影，於遍懸明鏡之室中置一燈，鏡鏡交射，燈影無數，於修證，即謂此可喻諸法皆是法性自顯現，或謂一法界可開展為恆河沙數世界。故此一異，即是法性與顯現之相對。

說為「色」、「空」，此即色與空相對，如是即知一切法（舉例為色）因與空性相對而成立，故若離相對（即證知其為不一不異），是即知色空二者皆無自性。如是即不墮二俱、二俱非之邊執，是即「色不異空、空不異色」。

二俱者，說為亦有、亦非有，然而色（有）與空（非有）實相對，是故先輩即將此二俱，喻為「黑白繩搓索」，是不能說為世俗勝義雙運。

二俱非者，說為非有、非非有，然而色空雖相對，實亦不可相離，是故可喻為愚人將黑繩染白，將白繩染黑而搓成索。是亦不能說為世俗勝義雙運。

故必須離相對緣起，始能證「二俱」之體性與「二俱非」之體性，知其為「離相對故無自性」，如是即能離此二邊執。

由是可知，離相對緣起雖未能同時現證離四邊，但卻可同時離二俱、二俱非之邊執。

相依緣起

相依緣起者，說為常斷，此即為常依於斷、斷依於常而建立。此如蜉蝣，人視之為朝生夕死，而蜉蝣自視此亦為一

世，是則依人世為常始可說蜉蝣為斷；而依蜉蝣之斷，亦可成立人世為常。故道家即依人世為斷，而建立神仙為常；婆羅門亦依人世為斷，而建立大梵為常。如是即知一切法實據相依而成立。然則如何認識其彼此之依存關係耶？

依存關係，喻為「有子始有母」，此即謂母依子而成立，而子之成立自然亦依於母。若視空性為母，一切法顯現為子，則空性實亦依顯現而成立，若本無顯現，則無所謂空；而顯現依於空，此即於虛空中始可顯現一切法，由此相依，即可說顯現依於虛空，虛空依於顯現。

故必須離相依緣起，始可說為同時離有、非有二邊，以此二者實即相依而成立（譬如色空）。能同時離二邊，則以其相依且為同時故，是即成「色即是空、空即是色」。

業因緣起

業因緣起者，已為習《中論》者所熟知。一切法皆由因緣和合而成為有，離因緣和合則無自性，如是而知有、無。故此說為「有無門」。

然落於有、無邊際，實難世俗勝義雙運。何以說之為落邊際？以行者觀察一切法，知其由因緣和合而成時，此觀察尚不能證成無自性，何以故？以尚須觀察成立此法之因與諸緣亦無自性故；且尚須證成，無自性之因緣不成立具自性之法故。以此重重輾轉觀察，即不能同時證成有、無雙運。

故業因緣起為粗品，若以為《中論》但說此緣起而成立一切法無自性，則當成為損減。

三　證般若體性

是故現證般若波羅蜜多體性，當由證知四重緣起而離緣起，此即如下次第 ——

（1）凡夫具虛妄分別，執一切法為實。

（2）悟入業因緣起，知一切法如何依因緣而有。

（3）悟入現與空為相依（或外境與內識相依），如斷常，如是悟入相依緣起，如是即知業因緣起無自性。

（4）證現空（或心與境）為一異之相對，如是悟入相對緣起，即離有、非有二邊執，證相依緣起無自性。

（5）證現空為彼此相礙而成立，悟入相礙緣起，即現證離二俱、二俱非，同時證相對緣起無自性，此始可名為觸證真如，或說為現證般若波羅蜜多體性。

由是可說，於四重緣起，無論悟入任何一層次，皆即悟入世俗，即據此重緣起而認知一切法緣何而有，必須離此緣起始為勝義，此即已超越此重緣起而現證其無自性。

是故若落於業因緣起邊際，便只能悟入諸法如何由因緣和合而成立其有，並不能現證其自性空。必須悟入相依緣起，然後才能現證業因緣起之空性。此亦即 ——

（1）業因緣起之世俗有，可由業因現證。

（2）業因緣起之勝義空，則須由悟入相依緣起而現證。

此為龍樹諸論中常見之破立，今學者不解此義，以為既知諸法緣生，則當然可說諸法由相對待而「緣生性空」、「無自性空」。然此無非為概念之推論，抑且不知相依、相對、相礙之區別，故實非修持之現證。何以故？不妨參考說

修證次第之《辨法法性論》。

於説「四正加行」時，世親釋論云 ——

> 初，謂「有得加行」，即謂（於外境）有得而唯識
> 變現。

> 及「無得加行」者，謂於外境無得。

　　試加比較，即知「有得加行」即相應於：由業因緣起而
悟入其世俗有實為唯識（是故有得）；「無得加行」之外境無
得，即相應於：現證業因緣起之無自性（是故無得），由是現
證相依緣起。

　　由是可知，業因緣起之世俗有與勝義空，須次第現證。
今更贅言之 —— 落於此緣起則唯世俗，僅知諸法緣何而有；
必須超越此重緣起，始能現證此重緣起上諸法之勝義，即現證
其體性即是空性。如何超越，此即向上悟入相依緣起。是故瑜
伽行之「無得加行」，即由「依他起」而現證外境為無所得。

　　此義理甚為深密，然亦實在合理，蓋行人若始終落於業
因緣起邊際，則於修行時無論如何修止觀，皆不能離於業因，
是則如何能現證（不是推論）其無自性耶？

　　故不明此修證體性之理趣，則説《中論》八不，唯有一
概説為「無自性」，更不能層層向深分別，由何緣起説其為
有、由何緣起説其為空。

　　舉此一例，餘例可知。（唯相礙緣起已無更上緣起作超
越，故其勝義乃由「無礙」而現證。）

　　以此之故，二諦可由「有無」而建立；可由「因緣」
（相依）而建立；可由「一異」（相對）而建立；可由「去
來」（相礙）與無礙而建立。此即諸宗二諦建立之邊際。

何以月稱於《入中論》、阿底峽於《菩提道燈論》廣破唯識之自證分？即以其落於相依緣起而不能超越故。自證分依於見分，即未能悟入法性能相與所相之相對（法性能相為一；其所相則為多），是即不能現證依他起自性相之空性；以其落相依緣起故，便只能現證其依他而有，如是即是實執。（故中觀家責唯識實執內識，唯識家若只用能取識亦為空性來辯解，實如望空擊影，未接觸實際問題。若欲破月稱，必須證明自證分非是依他。）

由建立二諦之邊際，即可知了義與不了義。必須由相礙緣起而證諸法由相礙而有，復離相礙而證此諸法之空性，始為了義。說三轉法輪為了義、二轉法輪為不了義者，即依此而說，以二轉法輪主要為說般若體性，故未能現證無礙而證由相礙而成立之諸法（如輪廻界與涅槃界；法與法性）為空性。三轉法輪說修證，始能圓滿超越四重緣起而現證（非推理而認知）。

三轉法輪說如來藏，學者依經論斷章取義，遂說為「真常」；說為煩惱諸垢無始以來與如來藏共存，此皆實不知如來藏為證智境界，此境界已離相礙緣起。落於緣起則可說阿賴耶與如來藏相礙而成立，證空如來藏則已於現證境界中離相礙。此即深般若波羅蜜多，非泛說生滅、常斷、一異、來去等於同一層次「無自性」者所知。

故若四重緣起之法義昧，則如來藏義理當亦隨而蒙昧。釋迦三轉法輪之法受增益減損，是即更無修證之依據。以是之故，依傳規，四重緣起法義雖為不宜輕於宣說之密義，今亦宣說。唯願學人能由是而知般若波羅蜜多體性而入見道。

正文

一　讚禮

讚緣起果

1　佛説緣起無上法　由是建立解脱道
　　四重緣起離緣起　於解脱果我讚禮

【釋】由緣起法成立般若波羅蜜多體性，如是行人始能依之作
修證而得解脱，故緣起法為無上；復次，緣起法由四重義理層
層深入而説，道上行人始得從而次第超越心識而悟入法性，此
即資糧道上行人之所為。《大乘經莊嚴論》名此道上所行為
「知義」、「知法」，由是入道，修證四重緣起與其超越，現
證解脱果。是無緣起法即無道上之修行，自更無解脱可言，故
當於此法義作讚禮。

2　四重緣起甚深法　次第超越而修學
　　由無礙證無分別　於證道果我讚禮

【釋】龍樹説四重緣起，雖只説般若波羅蜜多體性，然於五道
之修證，實亦無非修證此體性而已，故五道修證亦不離四重
緣起。至無間道究竟現證無礙，即現證無分別。故無垢友釋
《心經》，即説為以五道現證般若波羅蜜多；吉祥師子釋《心
經》，即依般若之究竟説為修證無礙，證無分別。無分別即深
般若波羅蜜多之體性。

　　由四重緣起得證道果，是故讚禮。

讚緣起道

3 龍樹緣起立中道　　勝義世俗故雙運
　　若落緣起唯世俗　　故於中道我讚禮

【釋】龍樹所立之中道，可通言之為勝義世俗雙運。然卻須知，勝義世俗非居於同一層面而説有無，落於一層面則為此緣起之世俗，由是知一切法緣何而有；超越此層面始成此緣起之勝義，由是知一切法緣何而空，如是雙運，始不落邊際，否則即仍落於一層面，是即落於邊際。甯瑪派之修證皆如是建立，故重重交替，重重向上而超越四緣起。此中之交替，如先修習生起次第，次修習圓滿次第，復修習生起次第，其復修習者已非先修習之重複，實已向上超離，由是始説一儀軌具足外義、內義與密義。如是修證，定不落邊。

於此甚深離邊中道，以其離邊，是故讚禮。

4 彌勒建立瑜伽行　　實依四重緣起法
　　説為三性三無性　　於修證道我讚禮

【釋】彌勒瑜伽行於修證之建立，與四重緣起其實相應，今可依《辨法法性論》悟入「轉依」之四正加行一説——

（1）有得加行。此即為悟入一切法唯識變現之加行。是時行者依悟入而離虛妄分別，是即離一切法之遍計所執自性，成立一切法唯識而成為有。

（2）無得加行。此即現證唯識而有之一切法空性，亦即

相無自性，故說為「於外境無所得」。此際行人已悟入相依緣起，是即由相依而現證。

（3）有得無得加行。行人由悟入相依緣起（內識與外境之相依），故即以一切法皆由相依而成為有，是即依他起性。此即「有得」。

然而若悟入相對緣起（離相依而觀察內識與外境之相對，此即一異之觀察，說為生無自性），是時行人即能現證內識亦無所得，故不復以能緣外境之能取識為所緣，如是現證依他起之一切法空性，即為「無得」。

（4）無得有得加行。由上來所證，行人已由悟入相對而成立一切法之所以有，然此相對而有，亦可說是依他（依他之相對，即相對於法性而成立一切法性顯現），今行人若悟入相礙緣起，則知由證勝義無自性，離相對而成立之一切法亦無自性，故為深一層次之「無得」。

然此際行人卻依相礙而觀察一切法，由是觸證真如，是即「有得」。

上來所說，詳《辨法法性論》可知。唯須一說「相礙」。此於《攝大乘論釋》中，說為──

> 若菩薩初依真觀，入依他性；由第二真觀除依他性，則捨唯識想。

所謂「捨唯識想」，即內識外境無分別、能取所取無分別，是即盡除相對，非只捨心識。然相對既除，一切外境內識必法爾落於時空，故二者非一非異，如是即落於相礙。此內外相礙相，即所謂「得知應入勝相」之「勝相」，亦即勝義無自性相，亦即真如相（此義於〈別說〉中更有細說）。

以緣真如相故，初地菩薩實未能離相礙。修道上九地（二至十地）菩薩之所行，即為次第離相礙，至無間道而究竟，證無分別而現證無學道。

上來所説，即知四重緣起修證道之體性，是故讚禮。

5　文殊不思議法門　由無二而離緣起
　　以唯一故成無礙　無分別道我讚禮

【釋】文殊師利不可思議法門，非説般若波羅蜜多體性，亦非説其現證所由之道，實説般若波羅蜜多果，是即名為如來藏。

二轉法輪説體性，現證體性即是果；於三轉法輪説修證，故必須説修證果。此修證果可由性相用等法異門作假名，若由離礙而説其證入無分別，則可假名為如來藏。此如來藏為煩惱所礙而不壞其本淨體性，是故不可思議。

究竟現證如來藏，由盡離四重緣起而現證，如是無分別而現證唯一。故如來藏亦可説為不二法門。是故説如來藏之觀修，由無所緣而悟入無礙，證無分別。現證無分別智便即是如來藏智，以其現證無分別時之境界，假名為如來藏故。

性寂與性覺之諍，即由於不通達如來藏而起。彼主性寂者曰：「虛妄分別之內證離言性，原非二取，故云寂也。」由是謂《起信》、《圓覺》、《楞嚴》、《金剛三昧》諸經皆偽，彼實不知無礙、無分別義。無分別智可説為寂，何嘗不可説之為覺？寂為其相、覺為其用，證法與法性一切自顯現相皆為本覺之起用，是即為現，是即為悲，是即為大樂。

雖寂相而不妨其起用，雖起覺而不妨其寂相，斯始為無所住之
證境，否則但落於寂邊，何能無礙、何能無分別；何能唯一、
何能無二？

　　於此不思議法門，現證般若波羅蜜多之無分別果，究竟
成佛，是故讚禮。

讚基道果

6　龍樹彌勒與文殊　可分説為基道果
　　中觀瑜伽如來藏　此三法門我讚禮

【釋】上來已説，龍樹中觀説般若波羅蜜多體性，是故為基；
彌勒瑜伽行説般若波羅蜜多修證，是故為道；文殊如來藏説般
若波羅蜜多果，是故為果。

　　此三法門不可相離，是故不可加以分別，今異説頻興，
持宗見彼此妨難，是將釋尊教法裂而為三以作分別，故中觀
家以「真常」破如來藏；唯識家以「熏習」破如來藏，皆落邊
際，學者依人不依法，遂謂之為宗風，此皆執一己宗義之所偏
故。復次中觀家又評破唯識，是即由不知修證之故，若知，則
知修證必以唯識為道。是故不善學唯識則壞般若波羅蜜多果；
而不善學中觀則般若波羅蜜多道果皆壞。於今末法，壞道與果
者已成教法，而正法則唯一線，非末法人間之所重，是即為當
前之機運。

　　雖然一線，我亦讚禮。

二　緣起

總說

1）龍樹説緣起

7　龍樹起頌説八不　即説四重緣起法
　　籠統但説為緣起　即昧中道甚深義

【**釋**】學龍樹中觀，若於一切法皆籠統説為「緣生無自性、無自性空」，是將龍樹中觀諸説置於同一層面而作理解，是則龍樹善宗即受毀壞。

彼壞龍樹者，但將「八不」視為依不同角度説生滅，為應不同根器之機，或為破不同外道之謬，是即不知般若波羅蜜多體性。

若將「八不」平視，則不能説為離四邊。生滅等，一概依業因緣起説為「無自性空」，充其量則只能依推理而説離有無二邊。必須由相依而修證，始能離相依而現證有、無；由相對而修證，始能離相對而現證二俱、二俱非。

或問言：由業因緣起證不生不滅，何以不徹底？

答言：此但能説具業力因果之輪迴界，不能説離業力因果之涅槃界，故不徹底。其所範限，即不能現證平等性。

復次，不但業因果，即使由相依，亦只能説為心性，不能説為法性。受此範限，雖可説心性本寂，卻不宜説心性本覺，以本覺實為周遍時空、周遍法界之般若大用，若局限於心性，即易將具寂與覺二分之如來藏視為實體，此即他空見之誤，亦為唯識今學執圓成實性之誤。

以此之故，依此雖可依推理而説其「無自性」，但實未能令行者依之而究竟現證不生不滅，現證有無。

復問言：何以説相依、相對始可證成有無？

答言：相依緣起者，於修證則視為內識與外境之相依，由相依而成立二者，於此時，行者每以內識為常，恆審思量故；以外境為斷，唯識變現故。由是悟入於外境無所得，此即悟入唯識，如是即可證業因緣起之勝義，即可現證其為無自性空。

復次，此可由心性層次而悟入至法性層次，由是依相對緣起，即可説佛智境界為清淨，遠離生滅、有無。是故即無業因緣起之局限。

由上來所説，即知籠統之弊，即在於永落業因與相依而不知超越，依龍樹頌亦可籠統而言相依，相對待，故雖由推理亦可説「緣生故無自性」，但卻實非現證，且所推之理亦未完整。今絮絮叨叨而言之，實欲闡發此緣起深義故，此即依修證而立之體性。

8　説為不滅亦不生　　由業因果説生滅
　　生相滅相成世執　　破世執故説緣起

9　示以緣生而成有　　由是令知生滅相
　　如是許可因緣有　　超越而證無自性

【釋】此義上來已説。

於世間，執著生滅者，實執著生滅相。今則由業因緣起

而破世執，令其知生滅相皆依業因而成立，如是即成立一切法因緣有，同時立生滅相為自性空。

成立因緣有，亦不妨礙現證其空性，只須超越此成立為有之緣起即可。

此即頌義。

10　說為不斷亦不常　由相依而說常斷
　　常斷超越業因果　心境猶如母依子

11　恆執我故心為常　恆變異故境則斷
　　如是許可相依有　超越而證其性空

【釋】此依外境與內識由相依而成立，是不落於業之因果，以不可說外境為業因、內識為業果；亦不能說內識為業因、外境為業果。

相依者，如有子始有母。有外境始有內識分別；有內識始有外境變似，是即相依。

於修證，即緣內識與外境而知其相依而成立，此如甯瑪派生起法之觀「現空」。此非分別觀現分與空分，必唯觀「現空」為所緣境，始能見心與境相應之斷常相。如是即悟入相依。此際自然生起證智，證由業因緣起而成立之有無相為虛妄。

佛家常說「證空性」，然則如何而證耶？若但眼緣虛空即以為空，則當應知此虛空亦是外境，亦是色法，如何能說為空性。

　　近年甯瑪派教法已多流傳，於是人遂咸知「三虛空等持」之名，於是以為但由心緣眼、以眼緣虛空即是，此實望文生義而不知法要，持以教人，學者即於心境皆生我執，所被調伏者僅為情緒，此即不知「相依有」之義，必須依修習口訣（如三部二十一瑜伽），由「相依有」而悟入相對，由是始能見「相依有」之空性。

12　說為不一亦不異　　由相對而說一異
　　一異非相依而成　　以非同時成相對

13　此如境由心性生　　心一而現諸異境
　　如是許可相對有　　超越而證其性空

【釋】內心與外境相對，即說為諸法唯心。唯心不同唯識，唯識分別諸境，唯心則於諸外境已不作分別，故離尋伺思量，但視一切法為心之造作而自顯現。以無分別故，心性與外境即不同時。然行者此時仍未離相，以仍持心之行相與外境相應故。如是即由相對緣起而生起一切法，亦即成立「相對有」。

　　然於此時，既離分別，則不能說外境唯依內識而顯現，亦不能說內識唯依外境而作分別，由是證相依緣起之空性。

　　護法建立「證自證分」，即為維護陳那自證分之建立。自證分緣於見分，是即不能離分別，永落相依緣起。護法將自證分說為所證，證自證分則為能證，如是即可入於相對，以證智亦可說為離分別故。

　　然此建立實未圓滿，以其未能立自證分如何能離分別，僅名之為智而強說其能離分別，是始終未能離心識範限而說證

智，此即唯識今學之局限。

　　彌勒瑜伽行則不然，其自證分非由相依而成立，僅為心識之本能，是本落於相對緣起而成其有，如是即不須輾轉安立以離相依有。

　　此又須知，唯識之依他，僅包含業因及相依兩重緣起；瑜伽行之依他，則更包含相對緣起。故前者不能離相，後者則可悟入離相，以其可更入相礙緣起而證，入心一境性故。

14　説為不來亦不去　　由相礙而説來去
　　　來去非為相對法　　人天來去成相礙

15　此即如説諸時空　　皆由相礙而成立
　　　如是許可相礙有　　超越而證無分別

【釋】相礙為甚深緣起。於外，此如輪迴界與涅槃界之由相礙而成立；於輪迴界中，復有諸情器世間之由相礙而成立。於內，則有心、意、識之由相礙而成立。

　　由相礙而有，可説為法性圓成，亦即法性中任運成就內外一切法。故此已離內外之相對，而證相對有法之勝義空性。

　　至於三轉法輪所説之甚深光明無二智，則遠離諸相境界，安住於實無所住最上寂靜聖智境界，此已離一切相礙而成無礙。如是即已超越相礙緣起而證究竟空性。

　　此空性，實須與由相礙而成立之有法雙運，故無相非是無有一切相，實為遠離諸相而不住。若唯執空以為究竟，是即與無二智之自性相違，且此時即以空為礙，視一切相皆了

無生機，如是即等同外道。

故曰，無分別非不分別，僅不住於分別。何以故？若住分別、若住無分別，皆為心識邊事，於證甚深光明無二智境界中，離相礙以證究竟無二，則一切境界於本寂智境中顯現，皆無非為覺，已非了別，如是即無礙於寂滅諸戲論之智境。如是內識即無功用，唯寂然之智生起覺性為用。是故若住於分別則礙性寂，若住無分別則礙性覺，而此二分實即智境中不可分離之空與樂。

16 必須如是觀八不　始能次第離戲論
　　以能次第相超越　始堪諸説中第一

17 若將八不平衡看　何須建立為四對
　　此中深義實難知　以未知其修證故

【釋】上來分次第以觀「八不」，其理趣已喋喋而言，反覆解説。唯以世人已慣於平視八不，但泛言無自性，故今復引龍樹《法界讚》（依拙譯）以為證成，令其起信，知此實為修證所須之建立。

初言——

　　一切法中離受想　男女是皆不可見
　　然為調伏貪盲眾　名言故說為男女

如是云云，即引出業因緣起之觀修。下來即言此虛妄者，猶如兔角，「唯妄想而非為有」，妄想即是顛倒。故以業因緣起以離顛倒。

次言——

> 此如人於淨水盆　日月星辰現倒影
> 如是其形及體性　是皆圓滿成投射

如是以說日月之影與水相依。復云——

> 此可譬如夏日水　是可說之為溫暖
> 此水若然於冬日　則可說其為寒冷

此即以水之寒熱，實依心識而覺知，故心識如水，寒熱如影。如是即說相依緣起。

三言——

> 試觀心識有二面　世間以及出世間
> 執為我法成輪廻　為自證智則為如

如是即說輪廻界與涅槃界之相對。故下來即更說云——

> 貪欲滅時即涅槃　是亦瞋癡之寂息
> 以此寂滅即為佛　尊為有情之依怙

此即說於一法界中，清淨法性（涅槃）與貪瞋癡諸雜染法，由相對而成立，故迷與悟皆由相對而從心起。如是即說相對緣起。

四言——

> 菩提非遠亦非近　彼於汝亦無來去

如是即說去來之為相礙而成立。此即種種障，如名言障等，或顯現、或存在而不顯現，前者如時空，後者如業力。故更說云——

> 於汝煩惱牢籠中　汝可見亦可不見

知相礙緣起，則知二障亦實由此而成立。眾生之礙與不礙，實依其離名言顯現、離虛妄遍計（總名之為煩惱）而說，頌言——

> 佛以十力助未熟　　加持力似月離礙
> 然彼若受煩惱纏　　是即不能見如來
>
> 此即有如餓鬼界　　眼前大海如旱地
> 故於無明執著中　　彼想佛陀非是有
>
> 於具少德之小眾　　無論勝者何所作
> 皆如置一摩尼寶　　於無知者手掌中
>
> 於具眾德之大眾　　光輝閃耀為形相
> 三十二火具榮光　　如是有情共佛住

及至證第五地，頌云——

> 通達智與世間明　　非唯一趣住禪境
> 難淨世染亦消除　　是故名為難勝地

此即謂勝義與世俗雙運即證無礙。此即為「難勝」之事（第五難勝地，須恆時修習，此亦即《辨法法性論》之所謂「長隨逐」）。

於此二智雙運，復云「無生且復無崩壞」為六地；「示現菩薩光明網，周遍普知一切法」為七地；「故諸魔軍所不動」為八地；「以其相應於正智」為九地；「同於虛空離垢染」（猶言粗重不復起）為十地。此即云現證般若體性後之修證，實唯證無礙以離相礙緣起。

為欲令學人知此實說智識雙運，故於結頌言——

> 有情性實離諸色　由受局限而成界
> 此即勝義菩提心　法身遠離一切礙
>
> 於見法身清淨時　此即轉依智慧海
> 能滿一切有情願　無價寶珠深海內

　　若上來諸義僅居於一層面上而從不同角度而作說，是豈能說之為「深海內」耶。

2）彌勒說緣起

18　彌勒三性三無性　實修證此四緣起
　　是故說之為法相　相即證為四緣生

【釋】通途以為般若不說三性三無性，此實執著於名言，依語而不依義。佛唯說緣起、唯說般若，故三性三無性即說緣起之修證，亦即般若波羅蜜多之修證。彌勒《現觀莊嚴論》說修證道、《寶性論》說修證果。

　　經言（大正·卷八，頁329上）──

　　　復次須菩提，有菩薩從彌勒菩薩摩訶薩，聞是深般若波羅蜜，以是善根因緣，故來生此間。

　　向彌勒問深般若而可得善因，故知瑜伽行之修證，實即般若之修證；反而言之，即般若之修證亦唯依瑜伽行。故釋尊為彌勒說《大乘理趣六波羅蜜多經》（大正·卷八，頁911-2）。經中頌云──

　　　一切有為法　如乾闥婆城
　　　眾生妄心取　雖現非實有

此即說遍計執自性相。

　　　　藏識為所依　　隨緣現眾像
　　　　如人目有翳　　妄見空中花

此即說依他起自性相。

　　　　猶如日月明　　流光能普照
　　　　如來清淨藏　　具足諸功德

此即說圓成實自性相。

　　　　色具色功能　　皆依賴耶識
　　　　凡愚妄分別　　謂是真實有

此即說相無自性性。

　　　　輾轉互為因　　賴耶為依止
　　　　諸識從彼生　　能起漏無漏

此即說生無自性性。

　　　　諸佛法性身　　本覺自然智
　　　　是真勝義諦　　唯佛方証知

此即說勝義無自性性。

　　由是可知，堅執中觀以責瑜伽行者，或堅執瑜伽行以責中觀者，皆落邊執；視「瑜伽行中觀」（大中觀）為二家之調和，且以為無可調和者，更深落邊執。

　　般若諸經唯理趣般若專說修證，故經中上首菩薩即是彌勒，由是即應了知彌勒瑜伽行之理趣。於彌勒學與龍樹學若有所偏，不失於般若之修證則失於般若之體性，違反釋尊說般若波羅蜜多之本懷。

19　凡夫實執一切法　　皆由其相而起執
　　　說為虛妄分別相　　故說相無自性法

20　相無自性入依他　　雜染相法即了知
　　　此依生滅而建立　　故為業因之有無

【釋】《解深密經》云——

　　云何諸法遍計所執相？謂一切法假名安立自性差
　　別，乃至為令隨起言說。

此即謂凡夫執相、名等遍計以觀察一切法，成立虛妄分
別有。復言——

　　善男子，若諸菩薩，能於諸法依他起相上如實了知
　　遍計所執相，即能如實了知一切無相之法。

此即謂現證相無自性性（無相之法）悟入相依（依
他），如是即離遍計，證虛妄分別有之諸法空性。

　如是即由成立業因緣起之有，超越而現證業因緣起之
空。即謂相依緣起為對業因緣起之超越。

21　證入依他自性相　　復證生無自性性
　　　此即相依之空有　　亦由超越而建立

22　清淨雜染為相對　　即如來藏阿賴耶
　　　是亦說之為一異　　超越相依如是證

【釋】經言——

> 云何諸法依他起相，謂一切緣生自性，則此有故彼有，此生故彼生。謂無明緣行，乃至招集純大苦蘊。

此即謂無明緣行等一切現斷常相之雜染法，由相依而成立為有。故經云——

> 若諸菩薩，如實了知依他起相，即能如實了知一切雜染相法。

然則如何了知依他起自性相？經言——

> 云何諸法生無自性性？謂諸法依他起相。何以故，此由依他緣力而有，非自然有，是故說名生無自性性。

此即謂由現證生無自性性而現證「相依有」為空性，此即如實了知。

然則如何修習始能現證生無自性性？經言——

> 彼聞如是所說法已，於生無自性性中，能正信解相無自性性及勝義無自性性，揀擇思維，如實通達，於依他起自性中能不執著遍計所執自性相。由言說不熏習智故、由言說不隨覺智故、由言說離隨眠智故，能滅依他起相。

此即於資糧道上，經「知法」、「知義」次第，即知生無自性性，是尚須於加行道上，「隨法」而現證此生無自性性（「知法」等，見《大乘經莊嚴論》）。如是始為「滅依他起相」，亦即現證依他起相之空性。

　　然而經中所說之依他起性相，實有兩種：一者，由相依緣起成立而為有；二者，由相對緣起成立而為有。故上來所說，「於依他起自性中能不執著遍計所執自性相」，而能「滅依他起相」，實有二次第。

　　或疑言：《解深密經》中實未見說有兩種依他起性，未見說相對緣起。

　　答言：此實已說。經中設兩重喻，說依他自性相上之遍計所執相執——

　　　　一，清淨頗胝迦寶（即如淨水晶）上，若與青染色合，則似帝青、大青末尼寶；若與赤染色合，則似琥珀末尼寶；若與綠染色合，則似末羅羯多（翡翠）末尼寶；若與黃染色合，則似真金。

　　此段經文所說，以水晶與染色作喻，此即喻為相依。於其相依而起之相，生遍計所執相，即誤將水晶當種種有色寶石。故經言——

　　如是德本，如彼清淨頗胝迦上所有染色相應，依他起相上遍計所執相言說習氣，當知亦爾。

　　此即落於「相依有」之邊際。

　　　　二，將淨水晶上所現之一切寶石視為實有，此即落於相對緣起。此如經言——

　　如彼清淨頗胝迦上所有帝青、大青、琥珀、末羅羯多、金等邪執，依他起相上遍計所執相執，當知亦爾。

　　復次，即將淨水晶視為實有，其邪執亦相同，是故經言——

如彼清淨頗胝迦寶，依他起相，當知亦爾。

此喻已非說因染色而致誤認，而是說水晶與諸色寶石皆不能建立為實有。於喻中，諸色寶石喻雜染，淨水晶喻清淨，故此為清淨與雜染之相對。

是故於《現觀莊嚴論》中，說加行道忍位之所緣行相，頌云（依能海上師《現證莊嚴論清涼記》引）——

　　色等無自性　　彼無即其性
　　無生無出離　　彼等所相無
　　量無所依故　　解非解盡知

獅子賢論師釋頌末二句，謂「自相與共相法法恰當平等，一切法之相無性也。」

《清涼記》復釋云：「自相謂一切法差別相；共相謂空相。」

由是可知，此即由相對緣起而成立自相（有）與共相（空）。此亦即一異之相對。如是即為阿賴耶與如來藏，亦即雜染法與清淨法。如是成立，即所謂「相對有」。

悟入相對有時，即已超越相依。此如視淨水晶與諸色寶石為實有者，已超越因淨水晶染色而誤認其為寶石。

此為緣起之密義，故已入甚深緣起。何以甚深？以因染色而誤認，世人易知其非，故相依緣起之空性易證；執諸色寶石、執淨水晶為實，二者須同時認知為誤，此則世人難知，蓋即使知為誤認，亦必認為淨水晶則是真實，同時亦必執著另有帝青寶等是實，只我所見者非帝青寶等而已。以此之故，滅由依他起自性相之相對有，便不能依現證生無自性性而可得。

23 離相對法入圓成　以其任運成就故
　　由是悟入其相礙　以相礙始説任運

24 以勝義無自性性　現證相對緣起空
　　如是即以圓成性　觀察輪涅一切法

【釋】如何能離由相對緣起成立之有？

《解深密經》言──

　　云何諸法勝義無自性性？

　　謂諸法由生無自性性故，說名無自性性，即緣生法
　　亦名勝義無自性性。

　　何以故？

　　於諸法中，若是清淨所緣境界，我顯示彼以為為勝
　　義無自性性。依他起相非是清淨所緣境界，是故亦
　　說名勝義無自性性。

此段譯文語意稍覺含混，不易解讀，若依藏譯，則可稍
作改動如下──

　　云何諸法勝義無自性性？

　　謂緣生諸法，以其無「生自性」故，說名無自性
　　性。由是（緣生諸法）可說為無「勝義自性」，故
　　即無自性。

　　何以故？

　　於諸法中，若是清淨所緣（境界），我顯示彼為勝

義，而依他起相非是清淨所緣境界，是故說為勝義
無自性性。

依此可知，現證「生無自性性」，僅能現證「相依有」
為無「勝義自性」，如是而現證其無自性空，而非現證其為
「勝義無自性」，而現證其為空。此中實有分別。

其分別為何耶？

唯清淨所緣境始可稱為「勝義」，故由相依而成立之
斷、常諸法（外境、內識一切法），即因非清淨而說為無此
「勝義」。

然而行人於修習時，必以為有清淨所緣境，此如《現
觀莊嚴論》，說加行道所取分別中之「於清淨等執為實有受
用」；「（分別）清淨五蘊」；「緣於緣起及其還滅而起分
別」；「緣諸波羅蜜多行而以為實」；「緣見道而起分別」。
能取分別中之「執能見道之我」；「執依界假立之我」（獅子
賢說「界即種子」，故此即為「執依種子假立之我」）；以及
「執依清淨等安立之我」。如是種種，皆不能說之為雜染。故
行人即可認為此種種法即有「勝義自性」，如是建立而為有。

今則以此種種境界亦實皆非清淨。以此亦為緣生故，亦
為依他起相故。是故即可由悟入相礙緣起，而現證其為「勝義
無自性性」。

相礙緣起即所謂「圓成」（玄奘譯為「圓成實」）。
《解深密經》云——

> 云何諸法圓成實相，謂一切平等真如（依藏譯則為
> 「謂一切法之如性」）。

　　由平等故，即說雜染與清淨之相對、法能相與法性能相之相對、輪廻界與涅槃界之相對等，平等而非一非異，如是即現證「相對有」之空性，滅相對有相。

　　或言：相礙緣起何以即是圓成？

　　答云：於平等中，可視諸法由相礙而成立。礙清淨則成雜染、礙雜染則成清淨；礙虛妄分別（法能相）則成真如（法性能相）、礙真如則成虛妄分別；礙輪廻則是涅槃、礙涅槃則是輪廻。復可說言，礙如來藏則為阿賴耶、礙阿賴耶則是如來藏。

　　龍樹於《讚法界頌》中，以月作喻，月本恆時圓滿光明，人受緣生諸法所礙是為由無明礙此光明，於是由不見光明，而漸見其圓滿光明，此即由光明而礙其無明。由是知龍樹說月之無明與光明，非是相依，亦非相對，而是由相礙而成立其有（此義於〈別說〉中另有詳說）。

　　以此悟入相礙緣起之有，即知一切法實因受相礙而成立，而即於相礙中因應其礙而成立，此即說為任運。對現代人可舉一例，地球上一切有情，實皆因應三度空間而成立體相、因應一度時間而成自幼至老之相；於不同時空，其有情自亦必能因應其時空而自顯現，如是即是任運。

　　須知「任運」，非謂任意運作，而是謂隨順諸法自然運作。其所隨順，即隨順其所受之相礙。以此故說圓成自性相，即是相礙緣起有。

　　於悟入相礙緣起之時，亦即現證相對緣起勝義無自性時，滅相對相。此際行人視一切法為圓成性，亦即悟入一切法為相礙有，是故圓成自性性並非究竟，以未離相礙故。

25 是故悟入圓成性　尚須悟入離相礙
　　亦名勝義無自性　離四緣起而究竟

【釋】相礙緣起為甚深緣起。菩薩於離相對緣起，悟入「一切法之如性」，悟此「如性」即觸證真如，登初歡喜地，其時實仍落相礙緣起之邊際。故《現觀莊嚴論》於「圓滿一切相現觀品」說云 ——

> 不住色等故　遮彼加行故
> 真如甚深故　此等難測故
> 此等無量故　劬勞久證故

　　獅子賢釋「遮彼加行故」句，謂「於是彼中之加行無加行故」，即謂既不住於色，則現觀一切相之加行為「無加行」，此即就離相而言。「真如甚深故」（《清涼記》譯為「如性甚深故」），獅子賢釋為「於彼色等中，如彼真如自性之性，是甚深故，淵深難測。」

　　以此即知，證入圓成自性性（即證入真如），即是甚深，然尚須經修道以離相礙。此即論疏所言：「由無四句因生故，見道功德於勝義無，於世俗有」。

　　故知由相礙緣起成立之相礙有，雖為見道功德，勝義而言實亦為世俗有而已，故尚須超越。

　　其超越，亦名現證勝義無自性性。然此非同悟入相對緣起之勝義無自性性。彼實分為二分，如《解深密經》所言 ——

善男子，譬如空華，相無自性性當知亦爾。

譬如幻像，生無自性性當知亦爾；一分勝義無自性性，當知亦爾。

譬如虛空，唯是眾色無性所顯，遍一切處，一分勝義無自性性當知亦爾。法無我性之所顯故，遍一切故。

此即謂勝義無自性性，有喻為如幻、喻為如虛空等二種。前者超越相對緣起，後者則超越相礙緣起。何以故？謂現證此分勝義無自性性，即「遍一切」故。是離相礙始能周遍，故說圓成尚須以此為超越，亦即現證此分勝義無自性性，始能說為無礙，如是即離四重緣起邊際。《中論》以「不來不去」作喻，即此證智境界。「大圓滿三句義」之「大悲周遍」，亦即此境界。

上來諸頌，由四重緣起以說彌勒瑜伽行之三性三無性，實欲明修證與體性實無離異，若修證與所說體性不同，則必不能現證其體性。

四重緣起重重超越，故三性三無性亦必為重重超越，今學者之不明修證次第者，每說「圓成實性之勝義無自性性」，一若圓成實性本已具（如虛空喻之）勝義無自性性，是即不明超越之理。今試以圖而明其差別──

（一）不說為超越

A────A'　　B────B'　　C────C'　　D────D'

（二）說為次第超越

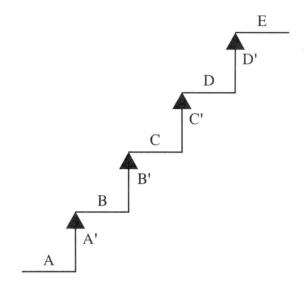

A ： 遍計所執性相

A' ： 相無自性性

B ： 依他起（相依）性相

B' ： 生無自性性

C ： 依他起（相對）性相

C' ： （如幻像喻）勝義無自性相

D ： 圓成實性相

D' ： （如虛空喻）勝義無自性相

E ： 無礙

（此中之C，或可與唯識今學之「清淨依他」相應。）

26　若不知此建立理　　三性謂具三無性
　　此如夢中説知夢　　空有同居一層次

【釋】空即是對有之超越，此理本不須更説，故若將三性三無性視為三對，則空有便居同一層面。如謂「圓成實性相具勝義無自性性」，是即説由圓成實性而成立之有，與由勝義無自性證成之其空性，二者於同一層面中相對而成立，是則仍落於相對，其下者甚或落於相依。於是其二諦建立即無從究竟，以落於相對有或相依有之層次故。

今可設一喻。人於夢時見種種相，執為實有，於夢醒時即自知其為空。此種現證，即是醒位對夢位之超越。於夢位為有者，於醒位始能説其為空，二位層面不同。

若將空、有置於同一層面，則如同説於夢中已能知其為夢境，故雖見夢境種種相，亦已同時能現證其空性。此實不應理。

由此喻可知，三性與三無性不能分別平置。

3）結語

27　龍樹所説為體性　　彌勒所説為修證
　　二者著眼點不同　　何須分別為空有

28　於説體性須説空　　於修證相須説有
　　此二如何可相離　　離則佛法成毀滅

【**釋**】通途謂龍樹説空，彌勒説有，此尚可以承許，然而近人卻依此概念，謂「瑜伽行中觀」為欲對二者之調和，而二者分途，實無可調和，於是瑜伽行中觀所主張之如來藏，便似乎為調和而成立，既無可調和，則如來藏便可受質疑。以此説流行，故須辨別。

說體性，故以空性為基礎，於基礎上建立觀察空性之次第。然而此亦非不説有，蓋於觀察時，必依於有而始能作觀察，是故便須依次第建立其有為如何有，始能於此有上觀察其如何空。但此既以空性為基礎，則所説當然即依空而建立，人遂以其為説空矣。

說修證，必須依相為基，蓋一切所緣境無非是相，即能緣之心識所起者亦為行相，此即道上行人之所依。然此非不説空，行人修證，即依相而證內識外境之空性，但其既以相為基礎，則所説當然即依相而建立，人遂以其為説相（有）矣。

明此理，則知二者根本不必調和。由體性而説之空，本即緣法相而修證之空；緣法相而修之相，亦即説體性時須離之相，體性與修證二者實不可分離，任離一即壞佛法。

故瑜伽行中觀者，無非修瑜伽行以現證般若波羅蜜多體性，假名安立此體性為如來藏。此假名乃沿用瑜伽行之安立，而瑜伽行則承佛説，復加以與修證之聯繫，如是而已，豈異説哉。若壞如來藏，則彌勒之教法壞，而佛之三轉法輪亦壞。

今日又流行「場所佛教」之説，謂如來藏為一「場所」，以性覺為其主體，於是即壞緣起之空性。何以故？緣起不由一特定「場所」建立，而空性則不容有「本覺」作為體性，只能説為「本寂」。是故如來藏非佛家思想。

　　此說乃揉合近日於日本興起之「批判佛教」，與民國初年唯識家之說而成，此雖尚未成潮流，然卻隱然有欲成潮流之勢。以此之故，亦須辨別。

　　如來藏之名，本意在於為證智境界建立一適當名相。凡夫之藏（ālaya阿賴耶，非阿賴耶識，其分別，詳見拙著《無修佛道 —— 甯瑪派次第禪》導論）為雜染境界相，故即成為分別識之所依，起分別境。今若欲與此相應，說證智境之所依，其所依必為離雜染相，然則如何設施假名方始適當耶？故乃名之為如來藏。依梵文，可說為「如來種」，但此「種」（garbha），說之為「胚胎」則實不宜，以其未能表達「境界」義。故前輩譯師譯之為「藏」，與凡夫之藏（阿賴耶）關合，即顯示其為「境界」。藏為受雜染之分別識境，如來藏則為不受雜染之無分別智境。由是可知前代譯師實通達「如來藏」此名相之義理，故始有此絕佳之譯名。

　　然而此名一立，又惹學者依名相作分別，於是即有謂之為覆藏，謂之為巖藏，甚或說為藏胚胎的子宮，或據梵文說之為種姓，為母巖（根源），此皆失「境界」義，未能令人信服。且若依名言而發揮，則如來藏便非為一「場所」不可，如子宮、如母巖、非「場所」而為何耶？

　　故此garbha一名，不如理解之為「因」或「本際」。此非實體，亦非場所，只呈現為證智境界（相應則為凡夫之藏，呈現為分別識境界）。以證智即如來因，即如來本際 —— 此說本際，非說其為「根本邊際」，但說其為根源，即依其具證智境而說。

　　由是可知，「覺」者，實非如來藏本體。《起信論》說「心生滅門」有本覺、始覺、不覺，此非了義大中觀所

説之如來藏。然而證智之「證」便即是用，若就此用而説為「覺」，亦可成立，故甯瑪派之「覺」便即是「了」。了者，分別義，然為欲與凡夫之「分別」作分別，故乃假名之為「了」，而不説為分別，有時則宜説為「覺」，以顯明證智之「證」，即是「覺」此功能。故不能以如來藏具有「覺」之功用，即認為此即一場所之本體。

　　上來所説，實欲明「瑜伽行中觀」之理趣，非為瑜伽行與中觀之調和，更非以如來藏為調和之工具。

29　文殊師利妙法門　　立足相對而建立
　　故有雜染阿賴耶　　復須相對如來藏

30　然而二者之相對　　實為世俗非勝義
　　然則如何入勝義　　離相對而入相礙

31　由是於離相礙時　　即説實相為唯一
　　不二法門為究竟　　畢竟空亦不可得

【釋】文殊師利不二法門，一入手即説相對緣起，由相對建立為二，故立足點甚高。此相對，即住於法與法性二者間之邊際。

　　法與法性，實彼此相礙。法落虛妄分別邊際，離此邊際是即法性，故曰相礙。由是文殊不二法門並非倡導離虛妄分別而入法性，實將虛妄分別之力轉為道用，如是二者即由相對之建立，向上而證其為相礙。

　　何以故？蓋若自始至終視為相對，則二者必有離有合，

如二掌。離相對而入相礙，則如吾人乘飛機穿雲而入高空。
此際彷彿虛空有二層面，一則濃雲密佈，過濃雲，則見另一
陽光普照之空際。於此喻中，濃雲可喻為虛妄分別，由彼而
顯示二層虛空之分際；二層虛空則喻為法與法性，一暗一
明，儼然為二。是即彼此之相礙，亦即光明與黑暗之相礙。

　　故於說修證時，又另設一喻，喻為暗室燃燈，此即可知
光明與黑暗非相對而成立。蓋於燃燈時，光明之來與黑暗之
去實為同時，並非先來一光明，然後黑暗始行離去，如是即
明其互成相礙之理。

　　由是說如來藏與阿賴耶，先立足於相對而知其體性，後
須離此相對而認知其實為相礙。於此時，說其為相對則落世
俗邊，說其為相礙則是勝義，以由悟入相礙而知「相對有」
之空性故。此如燃燈，悟光明之礙黑暗、黑暗之礙光明。由
是行人即於此悟入中修證如何燃燈，此亦即種種光明之修習
（如《六中有》中之六燈）。

　　然此亦非究竟，以仍落相礙緣起故，尚須離礙而悟入無
礙。於此時，行人之修習亦可設為一喻，即如飛機沿濃雲之
邊際而平飛，以雲自然有聚散，故時見光明，時見黑暗。見
光明時非飛機向上飛入光明天際，見黑暗時非飛機向下飛入
黑暗天際，如是即知所見光明為法爾（自然而然），所見黑
暗則為此法爾光明受虛妄分別所礙，而無論其忽明忽暗，天
際即是天際，此非有二，說為唯一，此始可說為實相。

　　由此喻，即知不可說如來藏為實相（阿賴耶當然不可說
為實相），此即清淨亦非實相。斯即文殊不二法門之理趣。
於中已無空有可以成立，亦無世俗與勝義可以成立，若依然
有意念欲作成立，則猶是分別此二重天。故於不二法門中，

畢竟空亦不可得。甚或可說為證智亦不可得，現證無礙而無所得。

此理趣深密，不易解悟，於古代尤然，今略作解說，即可由是而知諸宗部之了義及不了義。彼持宗見者，即以不知無礙而謗如來藏。

或問言：何以汝亦說如來藏非是實相？

答言：此即所以如來藏有空、不空之故。空如來藏智喻為由修證而悟入光明，故自究竟而言不可持為實相；不空如來藏智則喻為法爾光明，此即說為實相。此如前喻，飛機平飛時，因雲散而見光明，於此際悟知其即法爾光明，是即悟入空如來藏而已，以其尚持光明相而悟入。雖然，於此時際，彼已知光明之為法爾，故已離相礙，但其離則尚未能說為「不動」。由是始有金剛喻定，證無變易（不動），如是始能如實證悟法爾光明，假名之為不空如來藏智（不空如來藏境界）。但若方便而言，亦可說二種證智無有分別。

此理更為深密，必唯修證始能圓滿領悟，故說為佛自證智，無可言說，不可思議。今重重設喻而言，猶是皮相，未能示以實際。

復次須知，實相非即是有，實相只為法爾，此「法爾」，亦即不可思議境界。若勉強施設名言，則只能說之為法身之智悲雙運，故假施設之為二種菩提心雙運。說為雙運，則非建立為相對或相礙之二，故是唯一。

於此法爾若作增損，則仍成為相礙。故若以一切清淨邊名言說與之合，即是增益；若以一切雜染邊名言說其相離，即是減損。以此無可增損，故佛說之為不增不減。

如是由相對而建立，悟入相礙，復現證無礙，是如來藏理趣。故無所謂熏習，亦非建立為真常，更非說其體為本覺，自更非是一場所。如來藏之修證，基於緣起而離緣起，非否定緣起，只是超越；修證如來藏只不落於空邊，非否定空性；修證如來藏亦不落於圓成實性，非否定法相，故一切持宗見而説如來藏是非者，皆是對如來藏之增損，對法爾之增損。於法爾無增損始可名為自然，故甯瑪派即名其究竟智為自然智。現證自然智即現證深般若波羅蜜多。

　　上來總説四重緣起及其超越竟。

別説

1）別説相礙

32　此中可細説相礙　　以其甚深緣起故
　　説為不來與不去　　實説為去與非去

33　此詳中論梵文名　　gatāgata parikṣā
　　去與非去作觀察　　即知相礙之義理

34　實以時空作礙故　　於此世間始説去
　　於彼二度時間中　　去與非去皆非是

35　由是人天諸世間　　彼彼成立於相礙
　　若然能離於相礙　　生機周遍一法界

【釋】《中論》以「去非去」説相礙緣起，其理趣上來已説。今復説餘義。

　　説由時空作礙而成一情器世間，非謂此情器世間不由業力而成立，亦正由於業力，有情始聚於此時空，而此時空狀態，實亦依業力而成，故説相礙緣起，僅為對業因等緣起之超越，實非否定，尤其於業因緣起，不能遮撥，否則即落無因果之邪見。

　　今甯瑪派道場忽爾星羅棋佈，無論真偽，其弟子切須了知，超越緣起非遮遣緣起，僅遮遣由緣起成立之實有，超越者，即證此重緣生有為空性，雖空性而其力用宛然具在。有等所謂密乘行人，恣意妄為，而自詡為離緣起，修普顰行，其心態真不可問。

　　復次，説人天世間彼此相礙，此「礙」應理解為局限，非是妨難，故此不説為人天威福之層次。

　　由相礙緣起，始能由離相礙而説佛大悲周遍之功德，佛以無礙，遂能周遍輪廻涅槃二界，且周遍一切時空，由是生機始周遍於一切界。

　　説此生機為佛之大悲，亦可説此為周遍一切界之大樂，故大悲與大樂，實同一義，非是二事。由認知相礙緣起，即能認知此大樂大悲，如是無論修持行持，心性皆生機勃勃而不落於空有之執著。

　　以是之故，無上瑜伽密續之建立大樂，實為極善巧之方便，以此則能不墮於空邊，且斷除「唯空」之見地。

　　若未認知相礙緣起，則不能認知周遍，如是必將大樂建

立於自我之時空，又不能認知此大樂即佛之大悲功德，如是即易由相對緣起之修習層次，再落入業因緣起層次，甚至更落入虛妄分別，是即為退轉。

以是之故，現證相礙緣起而未能圓滿現證無礙，亦能觸證真如。何以故？現證相礙，即心性已能無礙，但其無礙則仍受礙於行人所處之時空，受時空局限，故未能周遍法界。以是之故，遂謂其未能現證無礙。

若能現證深般若波羅蜜多，則真如雖然同於初地時所觸證之真如，無有增減，然其時則已能證入法性，非唯止於心性之邊際，是時始能於法性現證無礙，由是住平等性。此即住於八地或以上。及至現證平等性，則為無間道之圓成。

36　如來藏與阿賴耶　　由說淨染而相對
　　若然觀察其勝義　　不可說為淨與染

37　如來藏受雜染礙　　此礙假名阿賴耶
　　復於雜染作相礙　　即是修證如來藏

38　及至現證如來藏　　無非不受雜染礙
　　如是即為離相礙　　更無緣起為邊際

【釋】上來已說，與如來藏相對者為阿賴耶，非阿賴耶識。如來藏為不受雜染之智境，阿賴耶則受雜染而成識境，前者離分別、後者作分別。

問言：若說如來藏不受雜染，如何彼能轉成為阿賴耶？

　　答言：此所以若用相依、相對緣起以說如來藏則非了義，故成他空見。

　　他空見者，謂如來藏為圓成實性，是故本淨（亦可說為本寂），是故不空，修證云云，只是空去外加於如來藏上之雜染，此即他空。如是即不能說如來藏為不受雜染境界，只能說之為雖受染而其性本淨則恆常不變，如火浣布。

　　了義大中觀雖亦說無變易、自性不動等，但卻實由相礙緣起而說。此所謂礙，非染於如來藏上之雜染，只是遮蔽如來藏之屏障。是故喻之如月，月體常圓淨，受礙始成新月、上弦月、下弦月，以至不見月相，此非有物染於月面，故由無月至月圓，非是此染物受清洗；由月圓至無月，非是此月面受污染。

　　以此之故，若以淨染相對而說如來藏體性恆常不變，則只為方便，非了義。《起信論》之「一心二門」，以心真如為不空之本體，心生滅則為空性之動相。此心真如超越一切分別，為清淨且離諸相對之本然存在，故實無所謂覺，然而心受無明染，生諸分別相，故心即有不覺、始覺、本覺之分別。

　　不覺者，即真如遇無明而起迷妄之狀態；本覺者，即心雖起迷妄，而其覺體則無損壞，依然為遠離分別之清淨體；至於始覺，則為修行時之所證。其時依「本覺真心」之內熏習力，及依教法修行之外熏習力，即能喚醒覺性，厭離無明，欣求本真，次第斷盡不覺之妄染，是為始覺，彼與本覺合一而成大覺。

　　如是建立，雖說心真如不落於相對，但遇無明卻成迷妄，此迷妄雖歸之於「心生滅」之阿賴耶識，然而修道既為斷

盡妄染，則此二門實仍立足於相對，如是即落於他空，且其相對亦建立得不完整（藏中覺囊派之相對則為完整建立）。

了義大中觀則不同，無明只於如來藏成相礙，非無明作妄染，如是即以境界相礙境界，而非有一自性空之體性妄染一自性不空之體性。

復次，境界相礙境界，實非說為如雲之障礙月光，依了義，實說為時空之相礙（能理解時空相礙實為了義大中觀之特色）。受礙即不同於受染，染則須清洗，是即有所斷除，礙則無須清洗，只須離礙，此如人世，於農曆十五夜則自然見月離礙相，此即是其「恆常」。

故知說如來藏為恆常，非謂有一恆常本體，如《起信》所說之真如，此實說如來藏之本然狀態。如團圓月，即是月之本然狀態，人不見其圓，非月之本然狀態有變異，只是人受相礙而不見其圓。故上下弦月等，無非為受相礙相，此即非是恆常。

故現證無礙，非是斷除雜染、斷除迷妄染，只是離相礙而成無礙。龍樹之《讚法界頌》，即說此重理趣，此中不說斷除。

所謂於無所緣之觀修中，無作意、無捨離而證無分別，亦即是此。今仍以月為喻，現證月為光圓，非有所遮撥即能現證，若心離相礙，即證月為圓。此際地球之影雖仍投射於月上，於其光圓相作相礙，但行人實無須捨離此地球投影，但知由其作礙而月不光圓，即已現證光圓。

由是了義大中觀之修證，非由內熏習力與外熏習力成辦，只是次第由緣起成立諸法何以為有，然後離此緣起而現

證其緣生而有者實為空性。故四重緣起次第超越，實亦可說為重重離礙。

至此亦可一説，何以初地菩薩觸證真如，此真如之體性與諸地菩薩所證之真如體性相同，但卻有地道之差別？此即可以次第離相礙而説。

初地菩薩之觸證為暫時，蓋唯以心性離相礙故。此如人於十五夜現證月光圓相，以後月雖呈受相礙相，亦仍能認知月實是光圓。及至住入法性堅穩，以至現證法性自解脱，始能住平等性，了知離一切界之周遍。此於今時可作一喻，即喻為人坐太空船，而此太空船飛行軌跡能恆常見月之光圓。如是即悟入一切界清淨大平等性，至無間道現證此而成佛。

故初地至七地菩薩仍有退轉。七地為遠行地，遠行者，為由心性自解脱至堅住入法性之過渡，此過渡形容為遠行，謂其遠遠超越於生死，此即入不退轉之八地。

2）「四門」離相礙

39 中論之説去非去　故分四門而説此
　　四門即離四緣起　是緣起法第一義

【釋】至此可知，唯建立相礙緣起而離相礙，始是第一義。由是即知何以《中論》於説去非去時，須分四門而説；亦知若平視八不為四對法，則失緣起深義，此上來所説已可證成，故三轉法輪所説法，已無諍論立足處，一切諍論，皆落緣起邊際

故。

　　復須知於第一義中，不可說為空、有。即使依相礙建立為有，亦必須離相礙始能現證此「相礙有」為離四邊。以離相礙而離四邊故，即無空、有可言。

　　故唯有依相對緣起而建立，「相對有」為有，悟入相礙而知其為空，如是即非第一義。他空見者，即於此際，同時執由相礙緣起建立之有為有，故雖可說空、有，然而已屬不了義。唯識今學之執圓成實性為有，同此層次（雖然，他空者亦謂唯識今學為誤解彌勒教法，然此實謂其不知用三無性超越三性相，非謂其不承許他空，此讀覺囊派論著即可知）。

　　由是亦知，「唯空」者亦非究竟，蓋唯空則不能說為離相礙。此如以空遮遣有，亦不見月之本然相故。由是無論如何現證空性，亦至證相對有之空性而止，是故亦非了義。

　　《解深密經》實說了義，彼以喻為如幻像之勝義無自性性離相對等緣生相，復以喻為如虛空之勝義無自性性以離相礙有，是即為離四邊際。彌勒瑜伽行實依此而建立，較唯識今學為究竟。

　　故唯空見之於中觀見，實與唯識今學之於彌勒瑜伽行相若。前者貌似而落於空邊，後者貌似而落於有邊。凡貌似相，似與其所依止之義理不相違，然而於作決定時，其決定見則壞其所依止，此須善判別而知其僅為貌似。

40 其初說為三時門　　即據時而明相礙
**　　發時去時與住時　　無非依於時分別**

41 此時分別即為礙　礙於世間時位故
　　知其由相礙為緣　證無礙而無三時

【釋】頌義於上來已説。

說「時位」（時間位置相）由相礙而成立，此理今人應已易明。若不如是説，但據《華嚴》而説便甚艱深，此即謂今人學佛方便於古人之處。蓮花生大士授記，大圓滿教法於今時始能廣弘，即以此之故耳。

今欲説者，為大圓滿之「三金句」——

　　直指於自性
　　斷定於自決
　　解脱於自信

此中即謂於見地上，直指一切法依四重緣起而建立，是故可離緣起而證其無有，於法身即是無礙。

於修持時，依上來決定見，是即可依行人之證量而斷定，落何緣起邊際，於何緣起超越，如是而至於究竟。

於行持時，雖落於邊際而生活，但卻可依決定見以自信而離緣起之邊際。

三者之中，以「解脱於自信」最為關鍵，倘只説為信心，此信心焉能令人解脱耶。須知此所謂「自信」，即自信決定見。蓋於相礙緣起中，實已無離相礙相可證，抑且亦無從而證。此如吾人，能現證法身相否？能現證報身相否？即於化身相，實只能現證三度空間之化身相，能證N度空間者否？不能，凡所緣相皆永落於相礙，是故不能現證。

此際但持「自信」而作決定見，以信輪涅一切法皆任運
圓成故，信法身自有法身之任運、信報身自有報身之任運、
信一切時空皆有一切時空之任運，無不圓成。如是即無須一
一現證，於法性中即能離相礙而現證決定見。

此即如前舉月光圓相之喻，人實不必乘太空船依月而航
行始恆時見其光圓，但由對決定之自信，即可知其恆時光圓
之實相。

行者於行持時無可離礙，故說為「解脫於自信」，是即
離礙而解脫。此義甚深，若不說四重緣起即難直指。

42　次說之為一異門　　是向下而立緣起
　　觀察於去及去者　　彼此相對而為緣

43　如是即為智與識　　此相對相須證破
　　密咒道上修明空　　始證相礙離此二

【釋】由相礙緣起向下安立，即相對緣起。《中論》以「去
法」與「去者」之一與異而說此二者之建立，此即頌中所
云：「去法即去者」、「去法異去者」，是為相對。

於是建立後，說為「是事則不然」，則是破此相對法之
緣生。然則如何破耶？頌云——

　　若謂於去法　　即為是去者
　　作者及作業　　是事則為一

　　若謂於去法　　有異於去者
　　離去者有去　　離去有去者

前一頌説破其為一、後一頌説破其為異。

先説前頌，吉藏釋易明。彼言：去者為人，故以五蘊為體；去法則僅為五蘊中之行蘊，若説為一，則行蘊便等同五蘊，故不可成立。

然而此實應説為相礙。去法因時間之相礙而成其去相，去者則不能由時間相礙而成去者相（若諍言，於去此種運動中，無論時間如何短暫，去者亦受時間相礙。此則無非執名言以作諍論耳）。故一悟入相礙緣起，即知去與去者不能為一。頌中將時間之相礙相説為「作業」、去者相説為「作者」。以是之故，青目釋始説云：「若去法即是去者，因緣錯亂。」於是説為「人常，去法無常」。此常、無常，實即説是否受時間相礙，不受則為常、受則無常。故青目釋深於吉藏釋。

至於次頌，破「去」與「去者」為異，實説去與去者之不能相離。青目釋云：「若異者則相違。（是即）未有去法應有去者，未有去者應有去法，不相因待，一法滅應一法在。」

此亦基於相礙緣起而言。「去者」之動相，由對空間之相礙而成立，人必藉此動相然後始能知去法（知「去法」為對時間之相礙），是故二者不得相離，若能相離則一法滅而一法在（即如其去不須時間，或久時去者尚呈住相而説為「去」）。

如是實以時空之相礙而破一異，即認知此「相對有」之空性。

由「去法」及「去者」之例，即可認知識與智之關係，彼實亦依相對而成立，識必具分別，智必不具分別，故可説為相對。然若深一層説，則可説受「分別」相礙而成為識，復依

修證，由「心光」（此「心光」依《大乘莊嚴經論》而説）對識上之「分別」作相礙，如是即成智境。如是識與智二者皆無自性。

必須如是始能説智無自性，若作餘説，必欠直截。而凡現證必須直截，若行者於時尚一二三四、甲乙丙丁，則何能現證此片光火石之證境耶。

密咒道上修圓滿次第，主修「明空」。「明」即分別義，不説為分別，以此為修證心性之覺分，故不宜説為分別。此際於能現證明空雙運時，即入相礙緣起而離相對有。然則何者為相礙？即謂性覺之明分與性寂之空分，於雙運時，覺不周遍而寂則周遍，不周遍與周遍即成相礙（如空中月喻，若只説月礙空，則只説得一邊，實則空亦礙月，月始成為月相）。

44　其三説為因緣門　　是再向下立緣起
　　觀察於去及去者　　彼此可説為相依

45　依於去而有去者　　依於去者而有去
　　外境內識相依有　　觀其相對則無有

【釋】「去法」與「去者」，可由相依而成立其為有。此如青目所云，是説為「因去知去者」，此即由去法（「去」此種現象）而知去者為有，以去者與去法相依故。

然此亦謂「因去者知去」，即謂以相依故，由去者之動相即可知「去」為實有。

如是即由相依緣起而可成立去與去者有，是為依緣起再向下建立。

《中論》破此重緣生有，頌云——

> 因去知去者　不能用是去
> 先無有去法　故無去者去
>
> 因去知去者　不能用異去
> 於一去者中　不得二去故

是即由相對緣起，觀察去與去者為一為異而破相依。

如何說此二者為相對，青目釋云：「是去法未有時，無有去者，亦無去時、已去、未去。如先有人，有城邑，得有所趣。」

此即謂人非依城邑而始有，先有人，然後人建城邑，趣而安住，故人與城邑為相對而成有，如是「城中人」即成相一、相異，由是相對。今「去法」與「去者」之關係實亦相對。

何以故？

初頌說二者其實不能說為相依。「去法」與「去者」之關係若視為相依，則彼此互相依存，此有故彼有，然而此二者實如人與城邑，具一異之相對，故應先有「去法」然後始有「去者」，若「去法」又依「去者」而成，是則焉能說為先有「去法」？

此即謂，若視二者為相對，然後始能說為相異，由是始能說「去法」與「去者」相對而成立。如說一「城中人」此名相，實謂此城與此人相對，非謂城依此人而始有，此人依城而

始有。但當説為「城中人」時，於名相中則「城」與「人」同時相對而成有。

此即初頌之意，否定相依而判定其為「相對有」。

於次頌，今人解釋得很複雜，複雜的原因，是為了要詮釋何謂異去，於是便要反覆申説外道如何説「異去法」等等，悉非龍樹原義。青目則解釋得很簡單：「**隨以何去法知去者，是去者不能用異去法，何以故？一去者中，二去法不可得故。**」

故此頌其實很明快，前頌由成立「異」而成立其為相對，此頌則由成立「一」而成立其為相對。故即謂「去者」唯能由「去法」而成立，不能更由別法成立。故「異去」者，即謂「去法」以外諸去因，然而「去者」不能異於「去法」而成立，故除「去法」外更無餘者可説為「去法」。

如是即由一異而成立「去」與「去者」相對而非相依。如是即破相依緣起，亦即由相對緣起而成立「相依有」為空。

此處更不必破「相對有」，以上來已説如何破故。

如是始為龍樹破立之模式，倘仍持相依而解釋何以其不成為有，便説得十分複雜，而且還要作許多假設，假設此破「小乘人」、此破「外（道）人」。可是，他們卻未提出論證，謂如何知小乘人、外人有此誤認。

一論有一論之作意，《中論》非唯立足於破小乘與外道，《百論》則是，故若處處以破小乘與外道説《中論》，倒不如視之為成立緣起與超越，此當更合《中論》主旨。

46　最後説為有無門　是更向下立緣起
　　觀察去法及去者　二者皆為無自性

47　此是最粗緣起法　故説相依彼已破
　　以其未離名言邊　方便説為因果故

【釋】四重緣起之最粗建立，為業因緣起。此即謂諸法因緣和合而成其生，亦因緣和合而成其滅，是謂有、無。

《中論》之「有無門」，即依相依緣起而破此重緣起。頌云——

　　決定有去者　不能用三去
　　不決定去者　亦不用三去

　　去法定不定　去者不用三
　　是故去去者　所去處皆無

此二頌即由相依緣起而否定藉業因而成立之有。相依者，此有故彼有，此無則彼無。今依「去者」之有、無、不決定其為有無等三種情況，觀察「去法」皆不成立。如是「去法」既不成，則「去者」自亦不成。

今依青目釋文解說如下——

初，「決定有去者」，此即謂依因緣和合而決定其為有。既有「去者」，則以相依故，「去法」亦當為有。然而「去法」實由「三法」（三種去的狀態）而成立，即已去（發時）、去時、未去（住時），然而於已去及去時二種動相中，焉能因「去者」之有而說未去（住）此動相已有？故「去者」之有不能成立「去法」為有。

次，「不決定去者」，依青目釋此即謂「去者」實無，如是以相依故，「去法」亦應實無，即不能成立發、去、住三種動相為實有。

三，「定不定者」，此即謂不依業因緣起而說「去者」為有、為無，如是「去法」之三種動相亦不成立，因彼此相依故，即不能說之為定有、定無。

由上來「去者」之三種成立，即知「去法」不能建立為有，如是以相依故，「去者」亦不能成立為有，此二者若無，「所去處」亦不得成立，故「去法」與「去者」如旋火輪，但呈去相（運動狀態），而實無「去法」與「去者」可成立，亦不可執其住處為實。

故青目云：「如是思維觀察去法、去者、所去處，是（三法）皆相因待（相依）。因去法有去者，因去者有去法，因是二法則有可去處。不得言定有，不得言定無。」

由業因緣起而安立者唯是假名，由相依緣起即可知其非實有，二者雙運，故非定有，亦非定無。

48　由論初品說八不　　即已示知四緣起
　　次品隨說去非去　　四重緣起次第離

49　初品所說為體性　　次品所說為修證
　　由修證而見實相　　四重緣生都超越

【釋】上來釋《中論》第二品諸頌，已明其實由無礙超越相礙緣起；由相礙超越相對緣起；由相對超越相依緣起；由相

依超越業因緣起。

　　此亦即顯明龍樹説緣起之體例。由此體例，即知現證般若波羅蜜多體性，即是現證八不，此亦即是四重緣起之超越。其超越之觀修，於第二品中已具説。

　　第二品以下，即依行人心態由四重緣起而作破立，此中復有交替，故非截然説為四次第。此則須知，行人於修證時，非截然次第而上，如世間之大中小學，是故須作交替修習，至四重緣起都已超越時，否定四種緣生相為實有，知其但為假名。即名為現證般若波羅蜜多體性。

　　此中説但有假名，須知「假名」亦有四層次，即由相礙而説之假名、由相對而説之假名、由相依而説之假名、由業因而説之假名。是即為四重緣生相。

　　今人説「有為」、「無為」、而執「無為」為實有，即執由相礙緣起而建立之有。涅槃、真如、如來藏等執實，亦是此層次之有執。

　　今人説「清淨依他」，則是執由相對緣起而建立之有。「住真唯識」，同一層次。

　　今人説「自證分」，則是執由相依緣起而建立之有。「證自證分」，同一層次。

　　此種種須知亦但有假名，是緣生相，故非定有，亦非定無，由假名成立是落於緣起邊際，若不能超越，則不能向上修證。

50　甚深緣起為相礙　　離相礙即不思議
　　故無所緣無捨離　　無所得證無分別

【釋】般若波羅蜜多體性,依究竟義,説為無分別,此見於印度吉祥獅子之釋論。筆者已另有文解釋此釋論。無分別者,即不可思議境界,亦即文殊師利不二法門之證智境界。依修證,此可説為自然智,以其現證法爾故;可説為空不空如來藏智,以其現證法與法性雙運故,此亦即佛根本智與後得智之雙運。

　　其修證,於相對緣起入,故《入楞伽經》先説百零八對法。然後依相礙緣起證相對法之空性。此時已無所緣,亦無捨離。及至超越相礙緣起,則究竟無所得,證無分別。

　　甯瑪派修證,由生起法而入相依以超越相依;由圓滿法而入相對以超越相對;由生圓雙運而入相礙,及至由生圓無二而圓滿超越相礙,如是即大圓滿法之現證。此已有另文細説。

三　歸結

結成

51　於讀龍樹中論時　　須知四重緣起義
　　復須知彼次第攝　　如是即能生勝解

52　我之所説為密義　　於諸經論都無違
　　彼以片知立宗義　　觸證真如亦不成

【**釋**】說四重緣起及其次第超越，為《中論》密義。

或疑言：何以前代論師皆不如是說？

答言：實已有說，如青目釋即如是說，顯彼為四時，立為四門，復一一依次由上而破下，此非已說耶。但未細細科判其次第而說耳。

未細細判別而說者，因菩薩戒有不為非當機者說深法，免令其謗誹，故論師造論，皆有外義、內義與密義三層解說。今我所顯示者即為密義。

或言：此豈不違反戒律？

答言：前人以為不宜宣說之密義，在於相礙緣起及其超越，由無礙而說無分別，說極無所住，非當機者或將謗此為斷滅空，等同釋迦所深責之方廣道人。然此重密義，今人應已易理解，多元時空概念今人已知，是故說之即不應是犯戒。

若今人已能應機，而猶不說此密義，即應說而不說，實又犯菩薩戒。蓋若不宣說，則讀《中論》者必認為龍樹僅從不同角度，針對不同迷悟而反覆說「緣生無自性」，是則既淺解龍樹，且無可將《中論》所明義理用之於修證，唯於口頭說「無自性」，有何義利耶。

由片知而立宗義者，可能因四重緣起令其宗義不成，由是依名言而起諍論，此如否定如來藏者，彼實非應成派亦非彌勒瑜伽行派，僅為片知應成派而成唯空，片知彌勒瑜伽行而自以為唯識，彼當不能觸證真如，亦即不能認知般若波羅蜜多體性。

二種片知，唯空者實甚。彼雖亦說中道，但卻實落於空

邊，是故無可修證。彼雖依宗喀巴而說應成派見，卻不依宗喀巴之說樂空雙運，亦不知樂空是應成見。以不說樂空故，即成唯空。

樂空雙運即如來藏智，但卻非唯說如來藏智始能說樂空雙運，以道名言之安立不同，亦可不說如來藏。然卻不可說應成派不說如來藏，即否定了義大中觀之如來藏。應成派僅否定說如來藏為與生俱來，故為實有之本體，而了義大中觀只視如來藏為一證智境界，此境界證知何謂法爾（即是無礙），非謂如來藏法爾具足，更未說之為實體。而片知者卻持應成派之否定以定義如來藏，故便說之為真常。

說真常者只否定如來藏，卻未說由應成見而建立之樂空雙運，如是即離修證而說，入唯空之邊際，只能說緣起故空，空而不壞緣起，此於同一層面說緣起與空，等於未說。由甲成立乙，乙當然不破壞甲，如是豈即龍樹之中道耶，此實無非歸緣起於空邊而已。

必唯由一重緣起建立之為有，復超越此重緣起而建立之為空，如是始成中道。此際空有於不同層面上建立，始能說為勝義與世俗。否則中道不成，二諦亦不成。

53 性空唯名龍樹學　相空唯識彌勒教
　　樂空唯一如來藏　是四緣起基道果

【釋】大乘教法可判為二系，即說般若波羅蜜多體性之中觀，說般若波羅蜜多修證之瑜伽行。

若更細分，則中觀可分為外中觀與內中觀，後者又名大

中觀，外中觀不說如來藏，內中觀則以之為修證果；瑜伽行可分為古學與今學，古學說基道果為法相、唯識、如來藏，今學主說唯識，其亦說法相者，無非為明唯識而說，於如來藏則等置而未說。

判外中觀為「性空唯名」，頗為恰當，但須知「性空」在一層次，「唯名」則在其下一層次。

判瑜伽行，宜依古學判之為「相空唯識」。其建立遍計等三種自性相，復由相無自性性等作三層次之遮遣，是為「相空」；一切相皆唯識變現，是為「唯識」。

判如來藏，宜判之為「樂空唯一」。「樂空雙運」是證智境相，「唯一」則為證智。以證智境相而言，是名不可思議，以唯一而言，是名無二。故文殊師利說不可思議法門，即說不二法門。

如是判別，前二字皆說其於「相」之建立，後二字皆說其如何離相而入中道。

喻結

54　畫月水月空中月　　可於畫月說有無
　　月影於水為相依　　水波月影則相對

55　空中月由相礙證　　更離相礙為唯一
　　如是修證五次第　　重重超越證體性

【釋】業因緣起可喻為畫月。此由作業（畫）而生起月相。

相依緣起喻如水月。月影依於水而生起，而月影外之水亦依月影而作分別。

相對緣起亦可喻為水月。即成月影之水與不成月影之水相對。

相礙緣起則可喻為空中月。月礙於空而成月相，空亦礙於月而現月相。

唯一說為離相礙，此即現證般若波羅蜜多。

餘論

此釋論成，曾稍講述，因聽者之問，成此餘論數則。

於傳世《中論》諸釋論中，有無文義顯示此「八不」非居於同一層面？

此有三者可以證成。

一者《青目釋文》。

彼云 ——「法雖無量，略說八事則為總破一切法。」可見此非但說「不生不滅」即可「總破」。總破者，意即「盡破」。故言 ——

> 「有人不受不生不滅，而信不常不斷。若深求不常不斷，即是不生不滅。」

此已說為層次。蓋生滅之相易見，而於常斷相則須作深求，然後始能說之為不生不滅。故知不常不斷實深於不生不滅。

其下說餘四門，當亦準此理。故知「八不」實為層層深入。

二者，無著《順中論》。

其開宗明義即云 ——

> 「如是論偈（按，指「八不」一頌），盡攝彼論。我今更解，彼復有義，如是如是；如彼義說，如是如是；斷眾生喜樂取著，如是如是。隨義造論，無有次第。」

此謂但隨順《中論》而造此論，說其餘義，而非依次第而造《順中論》。如是即謂「八不」原成次第，今因隨所說餘義而說，故此論即未依其次第。

說為次第，即說為層次。

三者，清辨（舊譯「分別明」）《般若燈論》。

彼於「八不」頌後釋云 ——

> 彼（八不）句義次第解無間故，解此論義。

此即謂「八不」句義，次第說至無間道所修證之般若波羅蜜多體性，此即「不來不去」，亦即對相礙緣起之超越。

如是層次之說其實已明。

然則有無文義說層層次第超越？

汝意即謂，何以不能於同一層次說為空、有？今試言之。

龍樹於第一品《觀因緣品》中，即已於業因上說由虛妄

分別而建立之一切法實為空性，是即已於高一層次中破由虛妄分別建立之有。如是即可悟知其體例，實層層超越而作破立。

復次，清辨《般若燈論》云 ——

> 問曰：汝向自言說緣起法，若言緣起，云何不起？……

> 答曰：若（我說）一切緣起皆不起者，彼當作解我得此過。我未曾說一切緣起皆不起，故無如上過。

> 此義云何？彼世諦中有緣起，非第一義亦有緣起故。

此即云於緣起中須建立諸法為有，然此建立卻是世俗諦，於第一義諦中則說之為空，故即無緣生諸法建立。勝義（第一義）即是對世俗之超越，是故知必須說為層層次第超越，始應道理。否則空與有同處於一重緣起上，此緣起所建立為有者，何能又同時依此緣起說之為空。若然，則犯互違之過，且世俗與勝義混亂。

此即如《順中論》所言（引文依般若流支，而略有重繙）——

> 問曰：汝言此論（《順中論》）不依次第，是即應有次第。然則汝依何因緣以說（《中論》）法義而造此論？

> 答言：（我）依之義如是 —— 世尊於大經（《大般若經》）中言：「憍尸迦，於未來世，若善男子、若善女人，隨自意解，為他人說般若波羅蜜多，彼

　　唯說相似般若波羅蜜多，非真實般若波羅蜜多。

　　帝釋王言：世尊，何者是真實般若波羅蜜多，而言相似非真實般若波羅蜜多？

　　佛言：憍尸迦，彼說色無常，乃至說識無常；如是說苦、無我、不寂靜、空、無相、無願，乃至說一切智皆為無常，彼即不知方便而有所得。如是應知。

　　帝釋王言：世尊，何者是真實般若波羅蜜多？

　　佛言：憍尸迦，色尚無有，何處當有常與無常。如是乃至無一切智，何處當有常與無常？如是等故。

　　此即謂建立緣起以作破立，僅為方便，若持緣起而有所得，即使其所持者為由緣起建立之空性（如無常等），亦僅是相似般若波羅蜜多。如是即知無論何種緣起皆須超越，至究竟超越，當然已無對諸緣生法之有執，抑且亦不執由緣起所建立之空性。

　　故《順中論》隨即引「色不異空，空不異色」句義，說不應執著於空。如是即說緣起之超越。

　　是故應知，立足於一緣起中而說其緣生諸法為空，僅是方便，非是勝義。今人則喜建立之為勝義，以為說空則必為勝義，此正受《順中論》所破。

　　彼雖持緣生法與緣生法之空性，說為「不可定說有，不可定說無」；或言「緣起故空，空即緣起」，而說此即是中道，然而其所說之空性實已非勝義，亦僅為方便而已，是則焉能與緣生世俗有雙運而成中道耶。——若堅持此為中道，請先

破無著。

然則汝所説，何以亦依緣起而建立空性與勝義？

我與彼不同。我説次第，彼不説次第。我説次第超越，彼則不作超越。

此即：彼於一層面上同説空有，而我則於此層面上認許其有，而於其上層次説之為空（亦同時認許此上層次之有）。故即層層建立勝義與世俗，亦即層層建立中道。

復且須知，層層建立之勝義、世俗及中道亦須層層超越，及至無礙，則已無勝義與世俗可言，中道即是離礙而無所得、無分別。

我於層層建立時，實依修證之次第。行人落於一緣起而知諸法如何有，彼定當向上一層次而認知，始能緣此向上層次之有，而遮前一層次之有，如是始是修證，始是不永落於一緣起上而生執著。

如是即不受《順中論》所破：執著於空而以為即是勝義。蓋説超越即已離執著故。

不作超越，何以其所説之空性僅為方便，而非勝義？此雖《順中論》所説，仍請一説其義理。

此見於龍樹之《中觀寶鬘論》（真諦譯名《寶行王正論》，今依仁光法師譯，收《龍樹六論》・民族版）——

見陽燄為水　是故往彼處
執水後變無　此是愚癡者

> 如是如陽燄　謂世間有無
> 此執即癡暗　有癡不解脫

所謂執陽燄為水，即建立水為有；及行至近處見實無水，彼則執為變作無水，如是而建立水為無。此即喻不知超越即不見實相，但於執有之同一層次上說無。由此喻，即知執著於同一層次說「緣起故空」，又說「空即緣起」，何異於喻中之愚人說云：「水相故無」，又說：「無即水相」。

此不依超越而說空、有，《順中論》尚說之為方便，龍樹則且說之為癡暗。故此不能任其積非成是。依法不依人，依人而積非成是則壞緣起義，且令行人於修證時不知如何作決定。

龍樹於《中論》，是否依四重緣起次第而說論中諸品？

非是。龍樹非欲說修證，故於第二品次第說四重緣起之觀察後，餘品即非依其次第而作破立。何以故？一法有一法之特性，故此法宜於業因緣起中說其為有（如因果等），彼法則宜於相依緣起說其為有（如六界等），如是建立。立足於此然後次第深破，故即不能先說業因諸品，繼說相依諸品，復說相對諸品，然後結之以相礙諸品。此非龍樹作意。

今試以第三品為例，以明龍樹之破立。此品為《觀六情品》，依梵文，即「觀眼等根」。於眼、耳、鼻、舌、身、意，及其所觸之色、聲、香、味、觸、法，通常皆說之為有，此為世情之妄執，故若依次第，實應依業因緣起加以遮遣。

然而由眼等之業因而遮遣世情之妄執，其說必繁，故不如將其先立足於業因之上而成其有，然後由相依等次第觀察，如是即不但簡便，而且深入。

　　故龍樹一入手即如是成立六根 ——

　　　眼耳及鼻舌　身意等六情
　　　此眼等六情　行色等六塵

　　此即謂眼等六根，實以緣色等六塵而成立其為有，如眼根緣色（頌中之「行色」即緣色義），而生眼識，如是成立眼根能見色，故說眼根為有。此即以色為所見因，以眼根為能見因，如是生眼識分別。此即依業因緣起而成立。

　　龍樹隨即由相依緣起而破其為有，頌云 ——

　　　是眼則不能　自見其己體
　　　若不能自見　云何見餘物

　　青目釋云：「是眼不能見自體。何以故？如燈能自照，亦能照他。眼若是見相，亦應自見，亦應見他，而實不爾。是故偈中說，若眼不自見，何能見餘物？」

　　如是即謂眼根實無所見，如是否定其見為有。（有情虛妄分別，無非以見而成立眼根為有，故否定其見，便已成立眼根之空性。）此否定，即是相依義。謂眼識須依眼根始能觸色境，眼根須依眼識始能成為見。故只此眼根，不成為「見」。

　　然而於人反問言：眼雖不自見亦應能見他，如火不自燒而能燒他。於此問，若仍依相依緣起加以否定則有所不宜，以火燒薪，火為能燒、薪為所燒，二者可由相對緣起而建立，如是即可以相礙緣起而作破 ——

　　　火喻則不能　成於眼見法
　　　去未去去時　已總答是事

見若未見時　則不名為見
而言見能見　是事則不然

青目釋略云：「如《去來品》中已答：已去中無去、未去中無去、去時中無去，故已燒中無有燒、未燒中無有燒、燒時無有燒。是即已見、未見、見時俱無見相。」

如是藉火燒喻作深一層觀察，更能明眼根不得由「見」而成為有，如是成立其空性。

舉此為例，餘例可知。能由此類推而讀《中論》，即易於蘊、處、界，以至於一切種智，皆能由緣起證成其空有雙運。概言之，《心經》次第之所「無」，即約相當於《中論》諸品之次第破立，其間開闔，則關作意。如十二因緣，《心經》置之於蘊、處、界之後，此順五道修證次第，《中論》則置之於〈涅槃品〉後，龍樹欲以十二因緣作論說緣起之收束故。

相依緣起與相對緣起，二者十分相似，如何分別？

二者確為貌似，是故於瑜伽行，二者皆建立為依他起性，然於觀修時，此二者所緣境則仍有分別。

相依而成立者，二者不可離，離則違反事實，故喻為有子始有母。

此亦如光中塵。塵依於光而現浮動相，離光則不見此相；光依於塵而現照射相，離塵則光相變異。二者之不可離，人皆知之。

由是於修證時，凡作內識與外境二者關係之觀修，此如無上密乘五次第生起本尊等，皆緣內識與外境相依而成立，此

時不能作任何離異，即不作任何排遣，唯於無離無合中證本
尊自性。

　　相對而成立者則可離，以相對實由比較而成，實不必二
事並列然後始可作比較，人但持一標準即可作比較。故見一
樹高十丈，即可謂之為高，此際並不須於其旁另置一樹而作
比較。

　　然而持之以作比較之標準，則實為重要。此即是決定
見。故行人之決定見，影響其修證甚大，決定見不究竟，則
修證必不究竟。

　　若謂如來藏與阿賴耶相對，非謂此二者須同時具在，若
然，則於阿賴耶當不能作遣除。此際說其為相對，實謂清淨
與雜染相對，如是則於決定見中，必仍有清淨與雜染之分別。

　　作意於淨染分別有二層次 ——

　　一者，於相對上，清淨與雜染之分別，到底如何作標
準？此即關乎行者決定之層次。或落有邊、或落空邊、或不
落二邊、或離四邊，諸宗宗義之成立，即在此層次上而顯分
別。

　　二者，於修證相對時，行者悟知所謂淨染分別，實仍落
心識與外境相依之層次，離此相依，則淨染皆不成立，由是
現證相依緣起之空性。此時即已由相對緣起成立淨染相依之
勝義。

　　然而行人此時未離相對，以其時行人仍持如來藏為決
定，相對於阿賴耶。

　　唯識今學之成立「清淨依他起」，非無根據而施設名

言。於此時之離心境相依而入相對決定（雖然其決定或非如來藏，而名之為圓成實），即可名為「清淨依他」之境界。中觀師否定唯識，若未經歷修證，但據名言而興諍論，實未持平。

故說相依與相對，若不從修證作理解，但依名言而作思量，則有時易起混淆，今依修證而作辨別，理趣即便清晰。

汝屢言依四重緣起及其超越以作修證，可否略說其理趣。

龍青巴於《實相寶藏論》為修證般若波羅蜜多之次第立四句義：無有、平等、圓成、唯一。此四句義即是四重緣起及其超越。

一　無有。此據心識與外境之相依緣起而否定「因緣有」，即證因緣和合而成之有為無自性。

二　平等。此據如來藏與阿賴耶之相對緣起而否定「相依有」，即證相依而成之有為無自性。

三　圓成。此據輪涅一切界之相礙緣起而否定「相對有」，即證相對而成之有為無自性。

四　唯一。此證相礙緣起而成之有亦無自性，如是而成無礙，故無捨離而無所得，由是證無分別而成唯一。

此即深般若波羅蜜多，即般若性相用三無分別之現證。若不由四重緣起及其超越而說，終不得此「實相寶藏」理趣。

跋

　　壬午年（西元二千又二年）九月至十一月，讀時賢釋《中論》諸著，未愜於心，忽於座間持清淨憶念而成本頌。其後持本頌為弟子講解，令其於修習時，能依四重緣起及其超越而認知所修之義理，由是離事相邊，且知修習次第之建立義。諸弟子請將所講作為頌釋，余允其請，遂成如上諸說。願以所說，回向有情，令知般若波羅蜜多體性。　無畏鄭重而記。

又跋

　　己丑年（西元二千又九年）五月至閏五月底，即侍者大品病危至辭世第四十九日，成《細說如來藏》一文，擬刊成書，復以本論及釋論完成已近七年，訖未着意刊行。當時請余解說者即為大品，故起意以此作為下篇，附於如來藏一文之後，此由四重緣起之觀修說如來藏，文意雖較艱深，但亦堪為讀者深造之用。以此紀念大品隨侍辛勞，願其彈指證入香巴拉世界。　無畏珍重而記。

後
記

後記

　　漢土佛教，對小乘佛教與大乘佛教的判別，傳統都把重心放在菩提心建立之有無。這種說法本身並無過失，合乎大乘經典的法義，但問題卻出於我們對菩提心的理解。若僅將菩提心瞭解為於解脫智之外，還須要有度脫一切有情的慈悲，那便造成了漢土佛教對小乘修道的一種偏見，認為小乘行人都只顧自利、懶理有情苦厄。這種偏狹的描述，無疑乃建基於對菩提心庸俗化的淺解、以及歷代漢土佛教對南傳佛法的一種臆度。實際上，小乘的修持中，亦有慈悲喜捨的觀修。如果小乘行人都是如斯自私，但求一己的解脫，那份我執之重，根本不可能成就阿羅漢等果位。至於大乘菩提心的觀修，亦並非偏向於追求空性的現證之餘，另外作意於悲心的培養。無奈，這曲解似乎已成為現今修學大乘佛教最常見的通病，而且對悲心的理解，也往往庸俗化為世間的憐憫之情。

　　若細詳印度大小乘諸經論，我們其實還可以從另外一個角度來重新歸納大小二乘佛教的差異：二者差別的基礎，在於對中道抉擇的不同。小乘的中道觀，是由離開世間的相對概念（如常與無常、有與非有等兩邊邊見）而建立；大乘的中道觀，卻是由離四邊（有、非有、有非有、非有非非有）來成立。由此引伸，小乘行人以住於遠離輪廻世間之涅槃彼岸為究竟，大乘離四邊的抉擇，則不落於輪廻涅槃之對待，以「無住涅槃」為依歸。所謂「無住涅

槃」，我們固然可以依傳統的佛家名相，說之為智悲雙運、世間與出世間無分別的境界；然而，如果以現代的日常用語而言，我們亦可以說之為修行人同時生活於聖凡兩個層面而無偏墮，既沒有對涅槃的希冀，也沒有對輪廻的疑懼。因此，於大乘的觀修中，現證真如法性的智慧、與現觀緣起世間的如幻大悲，兩者本來就是同一境界的兩面。如是不落於勝義智境、亦不落於世俗識境的唯一境界，始名為菩提心。是為大乘的中道。

於大乘二轉法輪的經典，不時強調菩提心的智悲兩分無可分割。於三轉法輪的經典中，則更強調菩提心為本然的境界，殊非行者依觀修之所新得，而為一切有情所本具；唯於迷亂的有情，此本具的菩提心卻被世間如夢如幻復如泡影的客塵所染。許多時，此見地即以如來藏這名相來作概括。因此，菩提心與如來藏二者，無非為大乘佛法的法異門而已。《大乘起信論》說如來藏具有不變與隨緣兩分，本來極合大乘經教，蓋此亦相當於中觀宗之說空性不變、緣生萬法則隨緣而有，又或瑜伽行派之說法性不變、諸法則依有情心識而隨緣變現。《起信》的問題，卻在於把如來藏不變與隨緣兩分視作體與用的關係，遂成為日本批判佛教攻擊如來藏學說為場所哲學、為非佛家思想的藉口。歷代漢土佛家傳統以體用義來理解如來藏，其實是偏離了印度大乘佛法的中道觀、另外建立各宗見系統來作闡釋。其所建立，往往便把如來藏定義為與菩提心完全無涉的教法，而且愈加建立，各各教法便愈難溝通。

於本書中，談錫永上師依自宗甯瑪派的了義大中觀見地，道出對如來藏的抉擇與觀修，並將之貫通緣起、三自

性、菩提心等法異門。但我們不宜因此便視了義大中觀為西藏佛教的產物。若細詳《寶性論》所言離垢真如與雜垢真如之關係、一因三緣以及七金剛句等建立，以抉擇如來藏的體性，復依《入楞伽經》中觀察自心現流等四法門，以總括如來藏的觀修，並持此二者來比較本書之所說，當可體會到甯瑪派所傳之如來藏法門，實為印度大乘佛法之精髓，而非西藏本土的文化思想。

　　書中說為智識雙運界者，也就是上來通俗化所說之同時生活在聖凡兩重境界。這不但是大乘中道的正抉擇，對修學大乘的修行人而言，這也是饒富深刻意味的指引，因為這抉擇帶出了一個值得行者細味的問題：

　　大乘行人應當如何看待禪修以外的日常生活？

　　問題看似簡單，但卻與《金剛經》「云何住心」之問，實一脈相承，且亦涉及到行持上的關要。對於小乘的行人而言，這問題反而不難作答，因為對他們來說，一切世間的六塵，無非都是輪迴的枷鎖；現證涅槃，就是須要揚棄對輪迴界的一切，因此才有滅受想定等修持、以及種種禁戒行的行持。

　　大乘行人卻不可能持同樣的態度修行，否則即落於捨輪迴、取涅槃的分別，由是便與輪涅無二、智識雙運等見地相違，亦離於菩提心的觀修。佛家的修習系統，必依見地而建立修持、復依行持以保任修持所得之證量，由是經修行串習而證果，見、修、行、果四者，環環相扣，是故不可能有離取捨的見地，卻依具取捨分別的修持，以冀證得無分別之佛智。

　　或許歷來於小說及電影替佛門和尚塑造的形象太深入民心，令我們總以為學佛的人就是應該遁跡山林、對世間保持一份冷漠，要不然就被視為「六根未淨」。但我們細讀大乘佛典，看到文殊菩薩、維摩居士、勝鬘夫人等大修行人的行持，卻完全沒有這種避世的傾向，而是於投入生活的同時，亦具足現證世間諸法實相的大智慧，世出世法同時成就。換一個角度來說，大乘行者對於生活中自然而起的種種喜怒哀樂，既不像小乘行人那樣須作意來設法壓伏，也不是予以諦實、執之不放。真能持此不落輪涅分別的微妙心境來行持，才是對菩提心的保任、才是現證如來藏的基礎，而證達此番境地的關鍵，即在於抉擇現前諸法，悉為本具智境中法爾現起如幻的隨緣自顯現 —— 正因為諸法皆為如幻的自顯現、體性為空，是故自然不生虛妄的執實；亦正因為諸法的顯現皆隨緣而起，是故於世間事業，亦自然採取一種積極的態度。禪宗祖師謂道在尋常日用之中，而對作意於求得般若或大悲者當頭棒喝、斥罵冷漠無情且生機斷滅之坐禪者為入於枯禪，即是同一意趣。

　　本書中以四重緣起來觀察世情、分析當前的金融危機，亦同樣是向讀者示範運用如來藏教法以作入世與思辨。此即說明，如來藏教法並非只是知識層面上作玄談之理論：如來藏固然是佛的證境，此於《勝鬘》諸經已詳明；但於凡夫位的學人，依如來藏教法作修持與行持的抉擇，其實亦有其大用。昔年太虛法師一方面將大乘佛教判為「法性空慧、法相唯識、法界圓覺」等三系，並以「法界圓覺」的如來藏思想來統攝，另一方面，則於樹立如來藏為實踐圓滿正等正覺之根本教法的同時，以智悲雙運的基調，針對當時中國佛教重事相、墮迷信的情況，提出

「人生佛教」的理念，融佛法於世間生活。值得注意的是，近世把太虛法師的「人生佛教」，演為世俗的慈善事業，其實亦與新的三系判教中，改以空性見代替如來藏思想為佛家修行根本，不無關係。把太虛法師的「法界圓覺」與「人生佛教」連結起來，實有助我們瞭解他的弘願。

談上師寫作本書時，學佛風氣與太虛法師的年代比較，又略有不同。現今迷於事相的惡習依舊，但又多了一批學人，自詡通達經教，卻唯把佛家教法視為象牙塔內的哲學理論，與修持無關，那就更不用說如何以之入世矣。若僅把佛法視為「哲學思想」，無疑是貶低了佛法的內容；若把佛家思想強加附會於西方哲學的系統之下，那就更加無可避免地對佛法作出歪曲。本書下篇，開宗明義的說明不應由哲學層面來理解佛法，就是提出不應單靠我們污染而狹隘的概念思維，來理解空性、唯識、緣起、如來藏等佛家見地；也不應以西方哲學的透視鏡，來矮化、曲解佛陀的教法。反之，本書依如來藏見評價西方的哲學源流、思想發展與特色，不啻是啟開新猷。近代流行將佛家思想比附於西方哲學，儼然西方文明的附庸。例如把瑜伽行派的唯識見，比附為現象學（Phenomenology）；把如來藏教法，比附為本體論（Ontology）等，都難免對佛法作出種種歪曲以求同一。本書幫助讀者理解佛法與西方哲學於本質上的異同，同時啟迪學人如何不落於概念的綑綁來抉擇佛家見地。

如來藏的智識雙運，不落於事相而求菩提、不受困於理論概念而以之入世。讀畢本書，對上來提及「云何住

心」之問，當別有體會。

　　談錫永上師於本書一再提及的大品師姐，乃筆者十多年的同修，而較筆者早入談師門下。她的離世，令同門都感惋惜與懷念。筆者翻閱本書植字稿時，讀到談上師對大品師姐所致的哀思，自然比一般讀者的感受來得深切。於中，談上師毫無矯飾地流露出對弟子病重時的關懷、以至她離世後的懷念，卻就在這期間，他也積極地為匡扶大乘佛教的如來藏思想，對未能讀通艱澀學術譯著的普羅大眾，寫出這部通俗易明的《細說如來藏》。對筆者而言，這便是一種對如來藏教法的身教。箇中點滴，希望讀者也能體會。

　　　　　　　　　邵頌雄記於西元二零零九年十二月

作者簡介

談錫永，廣東南海人，1935年生。童年隨長輩習東密，十二歲入道家西派之門，旋即對佛典產生濃厚興趣，至二十八歲時學習藏傳密宗，於三十八歲時，得甯瑪派金剛阿闍梨位。1986年由香港移居夏威夷，1993年移居加拿大。

早期佛學著述，收錄於張曼濤編《現代佛教學術叢刊》，通俗佛學著述結集為《談錫永作品集》。主編《佛家經論導讀叢書》並負責《金剛經》、《四法寶鬘》、《楞伽經》及《密續部總建立廣釋》之導讀。其後又主編《甯瑪派叢書》及《大中觀系列》。

所譯經論，有《入楞伽經》、《四法寶鬘》（龍青巴著）、《密續部總建立廣釋》（克主傑著）、《大圓滿心性休息》及《大圓滿心性休息三住三善導引菩提妙道》（龍青巴著）、《寶性論》（彌勒著，無著釋）、《辨法法性論》（彌勒造、世親釋）、《六中有自解脫導引》（事業洲巖傳）、《決定寶燈》（不敗尊者造）、《吉祥金剛薩埵意成就》（伏藏主洲巖傳）等，且據敦珠法王傳授註疏《大圓滿禪定休息》。著作等身，其所說之如來藏思想，為前人所未明說，故受國際學者重視。

近年發起組織「北美漢藏佛學研究協會」，得二十餘位國際知名佛學家加入。2007年與「中國人民大學國學院」及「中國藏學研究中心」合辦「漢藏佛學研究中心」主講佛學課程，並應浙江大學、中山大學、南京大學之請，講如來藏思想。

全佛文化圖書出版目錄

佛教小百科系列

佛菩薩經典系列

佛法常行經典系列

洪老師禪座教室系列

- ☐ 靜坐-長春.長樂.長效的人生 200
- ☐ 放鬆(附CD) 250
- ☐ 妙定功-超越身心最佳功法(附CD) 260
- ☐ 妙定功VCD 295
- ☐ 睡夢-輕鬆入眠・夢中自在(附CD) 240
- ☐ 沒有敵者-強化身心免疫力的修鍊法(附CD) 280
- ☐ 夢瑜伽-夢中作主.夢中變身 260
- ☐ 如何培養定力-集中心靈的能量 200

禪生活系列

- ☐ 坐禪的原理與方法-坐禪之道 280
- ☐ 以禪養生-呼吸健康法 200
- ☐ 內觀禪法-生活中的禪道 290
- ☐ 禪宗的傳承與參禪方法-禪的世界 260
- ☐ 禪的開悟境界-禪心與禪機 240
- ☐ 禪宗奇才的千古絕唱-永嘉禪師的頓悟 260
- ☐ 禪師的生死藝術-生死禪 240
- ☐ 禪師的開悟故事-開悟禪 260
- ☐ 女禪師的開悟故事(上)-女人禪 220
- ☐ 女禪師的開悟故事(下)-女人禪 260
- ☐ 以禪療心-十六種禪心療法 260

密乘寶海系列

- ☐ 現觀中脈實相成就-開啟中脈實修秘法 290
- ☐ 智慧成就拙火瑜伽 330
- ☐ 蓮師大圓滿教授講記-藏密寧瑪派最高解脫法門 220
- ☐ 密宗的源流-密法內在傳承的密意 240
- ☐ 恆河大手印-傾瓶之灌的帝洛巴恆河大手印 240
- ☐ 岡波巴大手印-大手印導引顯明本體四瑜伽 390
- ☐ 大白傘蓋佛母-息災護佑行法(附CD) 295
- ☐ 密宗修行要旨-總攝密法的根本要義 430
- ☐ 密宗成佛心要-今生即身成佛的必備書 240
- ☐ 無死 超越生與死的無死瑜伽 200
- ☐ 孔雀明王行法-摧伏毒害煩惱 260
- ☐ 月輪觀・阿字觀-密教觀想法的重要基礎 350
- ☐ 穢積金剛-滅除一切不淨障礙 290
- ☐ 五輪塔觀-密教建立佛身的根本大法 290
- ☐ 密法總持-密意成就金法總集 650
- ☐ 密勒日巴大手印-雪山空谷的歌聲,開啟生命智慧之心 480

其他系列

- ☐ 入佛之門-佛法在現代的應用智慧 350
- ☐ 普賢法身之旅-2004美東弘法紀行 450
- ☐ 神通-佛教神通學大觀 590
- ☐ 認識日本佛教 360
- ☐ 華嚴經的女性成就者 480
- ☐ 準提法彙 200
- ☐ 地藏菩薩本願經與修持法 320
- ☐ 仁波切我有問題-一本關於空的見地、禪修與問答集 240
- ☐ 萬法唯心造-金剛經筆記 230
- ☐ 菩薩商主與卓越企業家 280
- ☐ 禪師的手段 280
- ☐ 覺貓悟語 280
- ☐ 蓮花生大士祈請文集 280

女佛陀系列

- ☐ 七優曇華-明末清初的女性禪師(上) 580
- ☐ 七優曇華-明末清初的女性禪師(下) 400

全套購書85折、單冊購書9折
（郵購請加掛號郵資60元）
全佛文化事業有限公司
新北市新店區民權路95號4樓之1
訂購專線:886-2-2913-2199
傳真專線:886-2-2913-3693

匯款帳號：3199717004240
　　　　　合作金庫銀行大坪林分行
戶名：全佛文化事業有限公司
全佛文化網路書店
www.buddhall.com
*本書目資訊與定價可能因書本再刷狀況而有
變動，購書歡迎洽詢出版社。

談錫永作品12

《細說如來藏》

作　　者　談錫永
美術編輯　李　琨
封面設計　張士勇工作室
出　　版　全佛文化事業有限公司
　　　　　訂購專線：(02)2913-2199
　　　　　傳真專線：(02)2913-3693
　　　　　發行專線：(02)2219-0898
　　　　　匯款帳號：3199717004240 合作金庫銀行大坪林分行
　　　　　戶　　名　全佛文化事業有限公司
　　　　　E-mail：buddhall@ms7.hinet.net
　　　　　http://www.buddhall.com
門　　市　新北市新店區民權路108-3號10樓
　　　　　門市專線：(02)2219-8189
行銷代理　紅螞蟻圖書有限公司
　　　　　台北市內湖區舊宗路二段121巷19號（紅螞蟻資訊大樓）
　　　　　電話：(02)2795-3656
　　　　　傳真：(02)2795-4100

初　　版　2010年05月
初版三刷　2018年08月
定　　價　新台幣280元
ＩＳＢＮ　978-986-6936-49-4（平裝）

版權所有・請勿翻印

國家圖書館出版品預行編目資料

細說如來藏 / 談錫永作 -- 初版.--
新北市：全佛文化, 2010.05
面；　公分. -（談錫永作品；12）

ISBN 978-986-6936-49-4(平裝)

1.佛教教理　2.佛教哲學
220.12　　　　　　　　99006816

Buddhall
All Rights Reserved.
Printed in Taiwan.
Published by BuddhAll Cultural Enterprise Co.,Ltd.

BuddhAll

All is Buddha.

BuddhAll.

BuddhAll